Islamisierung
statt
Integration

Jochen Rabast

Der Autor ist approbierter Psychotherapeut und Theologe. Er hatte in einer psychosomatisch orientierten und in einer orthopädischen Klinik in Oberfranken gearbeitet. Jetzt ist er als freier Schriftsteller tätig. In seinen Büchern hat er die Abrahamitische Religion dargestellt.

Wie Engel in die Bibel kamen, 2017
Umbruch der Religion, 2010,
Im Namen der Religion, 2015,
Das Gesicht des Islam, 2017

Impressum

Bibliografische Information der Deutschen Nationalbibliothek: Die Deutsche Nationalbibliothek verzeichnet diese Publikation in der Deutschen Nationalbibliografie; detaillierte bibliografische Daten sind im Internet über dnb.dnb.de abrufbar.

Copyright © 2017 Jochen Rabast

Herstellung und Verlag: BoD – Books on Demand,
D-22848 Norderstedt

ISBN 9783734750830

Inhaltsverzeichnis

Einleitung: Naiver deutscher Staat –
ein Beispiel für gescheitert

Gegründet wurde das spätere Berlin-Neukölln, früher Rixdorf, von Tempelrittern. Der Johanniterorden als späterer Eigentümer bot Exilanten evangelischen Glaubens, vertrieben aus dem katholischen Böhmen, eine Ansiedlung in ihrem Gebiet an. Die beiden Ortsteile Deutsch-Rixdorf und Böhmisch-Rixdorf wuchsen zu dem größten Dorf in Preußen. Einem solchen Ort scheint die Ansiedlung weiterer religiöser Gruppen anzuhaften. Heute wäre eine Umbenennung wegen ihres hohen Ausländeranteil in Neu-Anatolien oder Neu-Arabien erwägenswert. Ein religiös-ethnisches Gemeinschaftswesen ist in der Verwaltung sehr konfliktreich für einen Bürgermeister, wie aus den Äußerungen des Herrn Buschkowsky hinlänglich bekannt ist.

Seine Nachfolgerin im Amt des Bezirksbürgermeisters Dr. Franziska Giffey (2015 bis 2018) wollte mit einem harten Integrationsvorstoß in die Schlagzeilen kommen. Sie lud im Oktober 2015 Imame und Moscheevorstände von zwanzig Moscheen, die es mittlerweile in diesem Stadtgebiet gab, zu einem Integrationsgespräch ein. Ihre Vorstellung einer konsequenten Integration lautete:
> Neukölln sagt NEIN zu Zwangsheirat und arrangierter Ehe
> Neukölln sagt JA zu selbstbestimmter Partnerwahl aller jungen Menschen.

Das war Zündstoff, und entsprechend gering war die Teilnahme der geladenen islamischen Teilnehmer. Die Stellung der Frau in der Gesellschaft und das Ehe-Verständnis gehören zu den Kernbereichen muslimischen Glaubens. Aus Sicht der Imame stand fest, unsere islamische Lebensweise werden wir nicht aufgeben. So empfanden sie die Einladung zu einem Gespräch unter diesem Motto rundweg als Zumutung. Und weil in Deutschland Religionsfreiheit herrscht, auf die sich die Islamverbände stets zu berufen wissen, so kann es aus der Sicht der Imame über zentrale Themen des Islam kein Gespräch geben.

Ganz anders sieht es aus der Sicht einer Integrationsaktivistin aus. Religion als Merkmal von Menschengruppen wird ebenso ignoriert, wie Hautfarbe, völkische Herkunft, Geschlechtszugehörigkeit u.a. Für eine Integration spiele das keine Rolle. Die Integrationsideologen haben im allgemeinen keine fundierte Kenntnis des Islam. Ihre wohlgemeinten Bemühungen gehen an der Prägung von Menschen muslimischen Glaubens vorbei. Und so musste diese Initiative für eine Integration scheitern. Es war vorhersehbar. Leider zeigt dieses Beispiel, dass eine Integrationsideologie links-grüner Prägung zu einer fehlgesteuerten Politik führt.

Die zunehmende Prägung der Gesellschaft durch den Islam soll im Folgenden beleuchtet werden.

Das vorliegende Buch möchte aufzeigen, wie Integration aus deutscher Sicht als der aufnehmenden Gesellschaft möglich ist, und wie die Forderung nach Integration von der anderen Seite, den islamischen Migranten, wahrgenommen wird. Bis zum Jahr 2015 konnte sich die deutsche Politik weitgehend um diese Frage herumdrücken. Ehemals türkische Gastarbeiter hatten sich nach und nach oder in der nächsten Generation mit den Arbeits- und Lebensverhältnissen in Deutschland einigermaßen arrangiert. Das war eine Anpassungsleistung einzelner Menschen und ihrer Familien.

Im Jahr 2006 hatte der damalige Innenminister Wolfgang Schäuble die 'Deutsche Islamkonferenz' ins Leben gerufen. Er hatte sich zum Ziel gesetzt, „eine bessere religions- und gesellschaftspolitische Integration der muslimischen Bevölkerung und ein gutes Miteinander aller Menschen in Deutschland, gleich welchen Glaubens"[1] zu erreichen. Mühevoll plätscherte ein Gesprächsrinnsal über die Jahre dahin, doch es blieb erfolglos. Es gab keine Annäherung auf beiden Seiten.

Kapitel I Das Flüchtlingsproblem

Die Flüchtlingswelle 2015 – einige Merkmale

Die Kriegslage im Nahen Osten hat eine ungeahnte Flucht in Gang gesetzt. Nicht nur innerhalb der arabischen Länder suchen Opfer des Krieges ein neues Zuhause. Menschen fliehen in Nachbarländer. Die Türkei wird durch die geografische Nähe zum Ziel der Flüchtenden. Im Oktober 2015 macht sich ein Heer von Flüchtlingen wie eine Flutwelle nach Europa auf.

Diejenigen, die es stoppen könnten, sahen tatenlos zu. Robin Alexander hat die untätige Ratlosigkeit der deutschen Regierung dokumentiert: „Die Grenze bleibt offen, nicht etwa, weil es Angela Merkel bewusst so entschieden hätte, oder sonst jemand in der Bundesregierung. Es findet sich in der entscheidenden Stunde schlicht niemand, der die Verantwortung für die Schließung übernehmen will".[2]

Fast eine Million Flüchtlinge überrennen Ende 2015 Deutschland. Zu einem Grenzübertritt braucht es im Normalfall einen gültigen Pass, eine weltweite Selbstverständlichkeit. Das

---

1   Zit.n Wikipedia Artikel deutsche Islamkonferenz, 2019
2   Robin Alexander, Die Getriebenen, 2017, ISBN9783827500939

wird missachtet. Die Regierung unternimmt nichts und wirkt vollkommen hilflos. Sie verteilt die anonym Eingereisten auf die Bundesländer. Die Menschen kommen zu 90% aus islamischen Staaten. Deutschland wird durch die Flüchtlinge mit islamischen Problemen konfrontiert, wie man das bisher nicht kannte. Schlagartig bekommt die Asylsituation eine neue Qualität. „Das Volumen der Zuwanderung: Es kommen nun nicht nur Individuen, sondern ganze Großfamilien, ja sogar ganze Clans aus Nahost, Zentralasien und Afrika. Das ist eine Völkerwanderung, keine individuelle Migration. Die Newcomer kommen mit dem Anspruch, Geltung für den Islam in Europa – gleichsam Islamisierung – zu verlangen. Das haben frühere islamische Migranten nie getan."[3] Die traditionellen Einwanderungsländer verweigern die Aufnahme. Die USA sind schwer erreichbar. Außerdem praktizieren sie eine streng regulierte Einwanderungspolitik. Wegen ihrer spärlichen sozialstaatliche Leistungen bieten die USA ohnehin nur geringe Anreize für Armutsflüchtlinge. „Europa dagegen gibt im Namen der Solidarität seine Grenzkontrollen fast vollständig auf und nimmt Armutsflüchtlinge auch 'ohne Obergrenzen' (Merkel) auf. Muslime, die nicht nur kein Visum, sondern auch gefälschte oder gar keine Papiere haben, dürfen nach Europa in Millionenstärke kommen. Das ist ein Fakt, kein Populismus."[4]

Frau Merkels Willkommenskultur

Die Fluchtbewegung war vorhersehbar. Die Bundesregierung hat es sträflich unterlassen, mit Werbekampagnen in den arabischen Massenmedien der unrealistischen Schönfärberei in Facebook und Twitter entgegenzutreten. Mehr noch: Das

---

3   Bassam Tibi, Islamische Zuwanderung, S.30
4   Bassam Tibi, Europa ohne Identität, o.S.Kap. 4

BAMF hat im Jahr zuvor einen Film über den Ablauf der Integration in Deutschland, die den Charakter einer Hotelaufnahme hat, ins Netz gestellt. Dieser Film ist nicht anders, denn als Werbefilm einzustufen, wie die WELT zu Recht ihn charakterisiert.[5] Längst waren den Flüchtlingen die vergleichsweise üppigen finanziellen Zuwendungen an Asylanten in Deutschland bekannt. Das wirkte wie ein Magnet. Für die Flüchtlinge gab es im Internet falsche Vorstellungen über ein Leben im Wohlstand. Das war kein Geheimnis. „Die deutsche Bundeskanzlerin verkündet, sie wolle ein 'freundliches Gesicht zeigen'. Dies tut sie dadurch, dass sie ohne Kontrolle und ohne Politik-Konzept Millionen von Armutsflüchtlingen ins Land lässt, die die Identität Europas negativ verändern. Das ist ein deutscher Sonderweg. Das Besorgniserregende ist, dass deutsche Politiker für diesen Sonderweg im Namen von Solidarität eine Europäisierung verlangen. Europäische Länder, die sich dem deutschen Weg verweigern, werden des Nationalismus bzw. des Rechts-populismus bezichtigt. Seit wann hat Deutschland die Legitimität, andere Europäer über das Wohl Europas zu belehren?"[6]

Die hilfsbereiten Deutschen haben den Flüchtlingen in Ergebenheit gegenüber der Politik von Frau Merkel eine Willkommenskultur ohne Grenzen und Begrenzungen entgegen gestreckt. Sie haben keine Kenntnisse darüber, welche Lebensweise und Prägungen diese Menschen aus den unterschiedlichen islamischen Welten zu ihnen mitbringen. Die Helfer sind sich bis heute nicht bewusst, dass ihre 'Flüchtlingshilfe' zugleich eine unwägbare Gefahr für den

---

5   WELT: https://www.welt.de/politik/deutschland/article145792553/Der-Werbefilm-fuer-das-gelobte-Asylland-Germany.html- hier auch der Film
6   Bassam Tibi, Europa ohne Identität

Religionsfrieden und die Gesellschaftsstruktur in unserem Land darstellt.

Die Flüchtlinge kommen meist ohne Ausweise, die sie zuvor weggeworfen haben. Sie überschreiten die deutsche Grenze mit dem Einverständnis der Bundeskanzlerin. Die Regierung missachtet die geltenden Gesetze, nach denen ein freier Grenzübertritt nur für Bürger der EU-Staaten gilt.

Unglaublich: Die deutsche Regierung setzt sich über ihre eigenen Gesetze hinweg.

Im „Gesetz über den Aufenthalt, die Erwerbstätigkeit und die Integration von Ausländern im Bundesgebiet (Aufenthalts-gesetz-AufentG)" steht im § 3 Passpflicht

(1) *Ausländer dürfen nur in das Bundesgebiet einreisen oder sich darin aufhalten, wenn sie einen anerkannten und gültigen Pass oder Passersatz besitzen, sofern sie von der Passpflicht nicht durch Rechtsverordnung befreit sind."*

In dem gleichen Gesetz steht im § 14 Unerlaubte Einreise; Ausnahme-Visum *(1) Die Einreise eines Ausländers in das Bundesgebiet ist unerlaubt, wenn er 1. einen erforderlichen Pass oder Passersatz gemäß § 3 Abs. 1 nicht besitzt."*

In unverantwortlicher Weise setzt sich die Regierung über jegliche Sicherheitsbedenken hinweg, die durch das Gesetz markiert sind.

Bis heute gibt es keinen verlässlichen Überblick aus welchen Ländern diese Menschen gekommen sind und welchen Bildungsschichten sie entstammen, was als Grundlage einer späteren beruflichen Eingliederung dienlich sein könnte. In unverantwortlicher und ungesetzlicher Weise hat die Bundes-regierung, speziell der verantwortliche Innenminister, eine völlig unkontrollierte Masseneinwanderung zugelassen. Das war gegen das geltende Schengen-Abkommen, das die Freiheit zum Grenzübertritt nur den Menschen aus den Ländern der EU garantiert. Der Innenminister Thomas de Maizière hat geltendes Recht missachtet.

Keine Hilfe seitens Brüssel

Die Organe der EU wurden nicht wirksam tätig. Die deutsche Regierung hat die europäische Kommission nicht aufgefordert, einheitliche Standards für die Unterbringung und finanzielle Versorgung in allen EU-Staaten zu entwickeln.
Martin Schulz war zu diesem Zeitpunkt der Präsident des Europäischen Parlaments. In dieser Funktion hatte er die Möglichkeit, Vorschriften für eine einheitliche Behandlung der Flüchtlinge in Bezug auf Unterbringung und finanzielle Versorgung in den EU-Ländern auf den Weg zu bringen. Martin Schulz hat kläglich versagt. Sein formulierter Enthusiasmus 'ich bin ein glühender Europäer' hat ignoriert, dass es an Europas Grenzen glüht. Statt tätig zu werden, arbeitet Bürokratie die eigenen Regeln ab und ignoriert Notstände.
Die Balkanstaaten, die in früheren Jahrhunderten von islamischen Truppen besetzt waren, wollten keine Wiederholung und schlossen ihre Grenzen. EU-Behörden fühlen sich im Recht, diese Länder dafür bestrafen zu können, was ihnen bei dem Verstoß der deutschen Bundesregierung gegen das Schengen-Abkommen jedoch nicht in den Sinn kam.
Auf einen Schulterschluss mit den anderen EU-Staaten hatte Angela Merkel verzichtet und in einem Alleingang für Deutschland verordnet: 'Wir schaffen das'. Ein beträchtlicher Teil der Bevölkerung war mit der Aufnahme der Flüchtlinge unausgesprochen und ungefragt einverstanden und hat die sogenannte 'Willkommenskultur' mit Tatkraft und finanziellem Engagement unterstützt. Kritische Töne und Sicherheits-

bedenken wurden in einer Weise unterdrückt, wie das sonst nur in totalitären Staaten üblich ist. Kritik gilt bis heute als ausländerfeindlich und rechtsextrem.

Das Handeln der Bundeskanzlerin gleicht dem eines Autokraten. Frau Merkel setzt ihre Empathie über das geltende Recht. Die Massenmedien und die Gerichte sind auf ihrer Seite.

Die Massenmedien

Die Presse hat ihre Unabhängigkeit aufgegeben und die Kanzlerin unterstützt, wie Frau Merkel das aus Honeckers Zeiten kannte. Nationalität und Herkunft von Kriminellen dürfen in den Medien nicht mehr benannt werden. Etwaige Probleme mit der islamischen Religion wurden auch nicht ansatzweise erwähnt. Dabei gab es bereits Schlägereien zwischen religiösen Gruppen in den Flüchtlingsunterkünften. Das wurde verschwiegen oder mit situativen Erklärungen klein geredet. Das Pressediktat - als freiwillige Erklärung des Presserats bezeichnet - keine Nationalität zu benennen, hat nur dem Ansehen der Presse in der Öffentlichkeit geschadet, jedoch keinen Beitrag zur Bewältigung der Flüchtlingskrise geleistet.

Das Bundesverfassungsgericht

Untätigkeit hat die sogenannte 'dritte Säule' der Demokratie an den Tag gelegt. Der Staatsrechtler Karl Albrecht Schacht-schneider hat Klage gegen die Verstöße der Bundeskanzlerin wegen ihrer Migrations- und Asylpolitik am 02.02.2016 beim Bundesverfassungsgericht eingereicht.

Die Verfassungsrichter leisten sich Ungeheuerliches. Sie machen von ihrem Recht nach § 93 BVerfGG Gebrauch, das ihnen die Möglichkeit gibt, Klagen nicht anzunehmen. Juristisch sind sie in ihrer Handlungsweise völlig frei. Sie müssen nicht tätig werden, um Rechtsverstöße zu prüfen. So fällt in dieser für Deutschland wichtigen Stunde auch die oberste Justizbehörde aus, die dritte Säule der Demokratie. Der frühere, langjährige Präsident des Bundesverfassungsgerichts, Hans-Jürgen Papier, sprach von einem 'eklatantem Politikversagen'. Es gibt eine tiefe Kluft zwischen Recht und Wirklichkeit in der deutschen Bundesrepublik, sagte er in einem Interview mit dem 'Handelsblatt'. Horst Seehofer traf den Nagel der Politik auf den Kopf und sprach von 'der Herrschaft des Unrechts'.

Demokratie stieß an ihre Grenzen. Ursula von der Leyen wurde nicht müde zu erklären, das Wichtigste was wir haben ist die Demokratie. Doch was, wenn sie nicht mehr funktioniert? Demokratie braucht eine Opposition. Frau Merkel hat die Front von der bürgerlich-konservativen Seite zur grün-linken Ideologie gewechselt. Unser demokratischer Staat basiert auf dem Wettbewerb gleichberechtigter Parteien. Verlässt eine Partei das eigene Profil, weswegen sie gewählt wurde, ist das demokratieabträglich. Ideologische Gleichschaltung aller demokratischen Parteien war das Prinzip der DDR. Jetzt leidet die Bundesrepublik darunter. Es blieben die FDP und die AfD als Oppositionen mit einem erkennbarem Profil.

Die unbegleiteten minderjährigen Flüchtlinge (UMF)

Einen weiteren eklatanten Verstoß gegen das Familienrecht hat die Bundesregierung zu verantworten. Unter den Flüchtlingen befand sich eine Vielzahl unbegleiteter Minderjähriger. Einer der Fehler von Merkels Flüchtlingspolitik war es, dass das besondere Problem unbegleiteter minderjähriger Flüchtlinge (UMF) neben der Behandlung erwachsener Flüchtlinge zugelassen wurde.

Auf welches moralische Recht und welche Gesetze kann sich der deutsche Staat berufen, wenn er von sich behauptet, in besonderem Maß für die UMF zuständig zu sein?
Es gehört zur Merkel'schen Flüchtlingsideologie, dass UMF nicht abgeschoben werden.
Diese Handhabung wird gar nicht erst hinterfragt. Der deutsche Staat weiß sich als für die Schutzbedürftigkeit der UMF zuständig. Dieses Recht maßt er sich entgegen der allgemein anerkannten elterlichen Obhutspflicht an. Man meint, sich auf das Grundgesetz und die UNICEF-Konvention berufen zu können. Doch beide sind von einem anderen Geist geprägt.

Das Grundgesetz für die Bundesrepublik Deutschland (GG) lautet „Art 6 (2) Pflege und Erziehung der Kinder sind das natürliche Recht der Eltern und die zuvörderst ihnen obliegende Pflicht." Nach dem GG Art 6 liegen Recht und Pflicht zum Schutz eines Minderjährigen bei der Familie, bei nahen Angehörigen, bei den Eltern.
Im Fall der Flüchtlings-UMF zieht der Staat dieses Recht an sich. Im Bundestag ist nicht darüber abgestimmt worden, ob dieses Recht den Eltern von Kinder aus anderen Staaten so einfach entzogen werden kann.

Die Konvention über die Rechte des Kindes der UNICEF legt zum Wohl des Kindes fest:
Artikel 3 (2)„Die Vertragsstaaten verpflichten sich, dem Kind unter Berücksichtigung der Rechte und Pflichten seiner Eltern, seines Vormunds oder anderer für das Kind gesetzlich verantwortlicher Personen den Schutz und die Fürsorge zu gewährleisten, die zu seinem Wohlergehen notwendig sind; zu diesem Zweck treffen sie alle geeigneten Gesetzgebungs- und Verwaltungsmaßnahmen."

„Artikel 5: Respektierung des Elternrechts
Die Vertragsstaaten achten die Aufgaben, Rechte und Pflichten der

Eltern oder gegebenenfalls, soweit nach Ortsbrauch vorgesehen, der Mitglieder der weiteren Familie oder der Gemeinschaft, des Vormunds oder anderer für das Kind gesetzlich verantwortlicher Personen, das Kind bei der Ausübung der in diesem Übereinkommen anerkannten Rechte in einer seiner Entwicklung entsprechenden Weise angemessen zu leiten und zu führen."

„Artikel 18: Verantwortung für das Kindeswohl
1) Die Vertragsstaaten bemühen sich nach besten Kräften, die Anerkennung des Grundsatzes sicherzustellen, dass beide Elternteile gemeinsam für die Erziehung und Entwicklung des Kindes verantwortlich sind. Für die Erziehung und Entwicklung des Kindes sind in erster Linie die Eltern oder gegebenenfalls der Vormund verantwortlich. Dabei ist das Wohl des Kindes ihr Grundanliegen."

Auch für ein Flüchtlingskind ist das Ziel die Zusammenführung der Familie.
„Artikel 22 (2) Zu diesem Zweck wirken die Vertragsstaaten in der ihnen angemessen erscheinenden Weise bei allen Bemühungen mit, welche die Vereinten Nationen und andere zuständige zwischenstaatliche oder nichtstaatliche Organisationen, die mit den Vereinten Nationen zusammenarbeiten, unternehmen, um ein solches Kind zu schützen, um ihm zu helfen und um die Eltern oder andere Familienangehörige eines Flüchtlingskinds ausfindig zu machen mit dem Ziel, die für eine Familienzusammenführung notwendigen Informationen zu erlangen."

Der Geist der UNICEF deckt sich nicht mit dem Geist der Merkel'schen Flüchtlingspolitik. Nicht die In-Obhut-Nahme durch einen fremden Staat, sondern die Familienzusammenführung steht im Zentrum der Fürsorge,.

Das BAMF verweist auf die rechtlichen Grundlagen seiner Handlungsweise und beruft sich auf

- die Aufnahmerichtlinie 2013/33/EU vom 26.06.2013 in Verbindung mit Art. 24. Darin geht es um allgemeine Grundsätze; jedoch wird nicht von einem Nachholen der Familie gesprochen. Das ist Interpretation des BAMF.

- § 42a SGB VIII Vorläufige Inobhutnahme von ausländischen Kindern und Jugendlichen nach unbegleiteter Einreise - geändert am 30.10.2017. Darin wird den Jugendämtern die Inobhutnahme übertragen. Nach Satz (6) endet die vorläufige Inobhutnahme mit der Übergabe des Kindes oder des Jugendlichen an die Erziehungsberechtigten.

Diese Vorgabe führt zu einer Zusammenführung dort, wo sich die Familie befindet, nämlich im Herkunftsland.

Wird im Falle der UMF's die Obhutspflicht einem deutschen Jugendamt übertragen, wird diese geforderte Obhut gerade der Herkunfts-Familie entzogen und dem deutschen Staat zuerkannt.

„Asylsuchende unter 18 Jahren gelten im Rahmen des Asylverfahrens als nicht handlungsfähig. Das bedeutet, dass Unbegleitete Minderjährige nicht allein einen Asylantrag beim Bundesamt stellen können. In diesen Fällen muss der Asylantrag vom Jugendamt oder Vormund schriftlich gestellt werden."(BAMF)

Fazit: Weder die Gesetzeslage noch der international anerkannte Schutz der Familie decken die Handlungsweise der Flüchtlingspolitik im Fall der minderjährigen Flüchtlinge.

Für den Schutz der Minderjährigen wären die diplomatischen Vertretungen der Herkunftsländer (afghanische, syrische, irakische, marokkanische Botschaft usw.) unmittelbar nach dem illegalen Grenzübertritt zuständig, für die Identitätsfeststellung und die Familienzusammenführung.

Die Flüchtlingspolitik dieser Regierung hat zu einem rasanten Anstieg der UMF-Zahlen geführt.

„Das Bundesamt für Migration nennt folgende Zahlen:
2014 waren es 4300;
im Jahre 2015 waren es 14.436;
im Jahre 2016 (bis 31. Oktober) wurden 50.373 gezählt.
Das ist eine Verzehnfachung in zwei Jahren." [7]
Die jüngste Veröffentlichung des BAMF aus dem Jahr 2018 nennt für 2017 gar keine Zahlen, gibt die Inobhutnahme im Jahr 2016 mit 84.230 an.[8] Die Zahl der Erstanträge für unter 18 Jahre wird für 2018 mit 29.577 ausgewiesen, dabei wird nicht angegeben wie hoch darunter die Zahl der Unbegleiteten ist.[9] Es bleibt ein Informationsdefizit für die Öffentlichkeit.

Diese hohen Zahlen stellen das BAMF vor das organisatorische Problem, dass der steigende Bedarf an Erziehern, Lehrern, Ausbildern gar nicht vorhanden ist. Die Betreuung der UMF übersteigt längst die Möglichkeiten der Jugendämter, denen die Flüchtlingspolitik der Regierung diese Aufgabe übertragen hat. Dieser Zustand hat es mit sich gebracht, dass sich viele der Jugendlichen der Aufsicht des Jugendamtes entziehen, unauffindbar sind, zu Jugendbanden werden und in der Statistik der kriminellen Mehrfachtäter auftauchen. Für Sozialisierung oder Integration besteht kaum Aussicht. Der Anteil der UMF ist in der Kriminalitätsstatistik sehr hoch; genaue Angaben werden verschwiegen.

---

7 Richard Schröder in der 'WELT'
https://www.welt.de/debatte/kommentare/article160790706/Guete-wird-nur-respektiert-wenn-sie-sich-mit-Strenge-verbindet.html#Comments - vom 03.01.2017

8   S.18 des 108 Seiten langen PDF
http://www.bamf.de/SharedDocs/Anlagen/DE/Publikationen/EMN/Studien/wp80-unbegleitete-minderjaehrige.pdf?__blob=publicationFile

9   http://www.bamf.de/SharedDocs/Anlagen/DE/Downloads/Infothek/Statistik/Asyl/aktuelle-zahlen-zu-asyl-dezember-2018.pdf?__blob=publicationFile Datum 23.01.2019

Die Kosten für den deutschen Steuerzahler sind durch die UMF verursacht besonders hoch. Die Belastungen für die Schulen, Betreuer, Erzieher sind enorm. Richard Schröder rechnet in dem og. Artikel vor: „Ein UMF kostet pro Monat etwa 5000 Euro, denn er muss ja rundum betreut werden, eben weil er unmündig und charakterlich noch ungefestigt ist. Das macht im Jahr 60.000 Euro. Für die 50.000 UMF des letzten Jahres werden wir also schlicht drei Milliarden aufbringen müssen."

Die Ausgegrenzten

Hamed Abdel-Samad widmet in seinem Mohamed-Buch ein eigenes Kapitel den al-Saa'alik, den Ausgestoßenen in der arabischen Stammesgesellschaft. Gauner, Wegelagerer, Vagabunden, Kinder von Sklavinnen u.a. bilden diese Außenseiter; eine Familie verstößt ein Mitglied aus ihren Reihen, das sich gegen die Ordnung, gegen die Verhaltensregeln, eben verbrecherisch verhalten hat.
„Die Saa'alik waren in ganz Arabien gefürchtet, denn sie formierten sich zu starken Kampftruppen. Man nannte sie die Wölfe. Sie griffen Karawanen an, begingen Auftragsmorde und waren professionelle Diebe. Einige Stämme rekrutierten sie als Söldner bei ihren Kriegen."[10] In der Nähe von Mekka gab es eine solche Truppe. Mohamed nahm mit ihnen Kontakt auf. Wenn sie zum Islam konvertieren, - so sein Angebot - würden sie unter seinem Schutz stehen. Er machte mit den Ausgegrenzten gemeinsame Sache, um seine Macht zu stärken.
„Auch die Strafe des Arme- und Beine-Abhackens für Abtrünnige und Verräter, die Eingang in den Koran fand, stammt von den Räubern."[11] Mohameds Karriere „und damit auch der Siegeszug des Islam, fußt letztlich auf einer Allianz

10 Hamed Abdel-Samad, Mohamed. Eine Abrechnung, S.85
11 a.a.O S.86

mit der organisierten Kriminalität."[12] Um seine Gefolgsleute besser überwachen zu können, versammelte er sie fünfmal täglich zum Gebet. Keiner durfte fernbleiben. Der Ursprung des Gebets im Islam macht nachdenklich - Religionspraxis als Überwachungsinstrument.

Der Blick in die Geschichte macht die Gegenwart verständlich. Abdel-Samad folgert:
„1400 Jahre später wiederholen die Kämpfer des IS all das, was Mohamed einst vorgemacht hat. Die Dschihadisten von heute berufen sich auf seine Haltung Ungläubigen gegenüber und auf seine Eroberungsstrategien...Die Art, wie er seine Gemeinde führte, dient als Blaupause für ein ideales, Allah-gefälliges Leben – politisch, wirtschaftlich, gesellschaftlich und ethisch. Jenseits von Raum und Zeit wollen Islamisten die Urgemeinde Mohameds in jedem Detail wiederherstellen."[13]

Die Existenz von al-Saa'alik zeigt aber auch, dass das islamische Gesellschaftswesen für diejenigen, die sich an die gesellschaftlichen Spielregeln halten, durchaus funktioniert. Mohameds Werk war zu seiner Zeit ein gesellschaftspolitischer Fortschritt. Sein großes Verdienst war es, die arabischen Stämme geeint zu haben. Vor seiner Zeit lebten die Menschen in Klans. Es gab noch kein Volk der Araber, nur die Zugehörigkeit zum eigenen Stamm. Die Großreiche der Perser, Ägypter, Byzanz, Äthiopien hatten einen König. Einen solchen konnten die Araber wegen ihres Stammesdenkens nicht wählen. Und jeder Stamm hatte seinen eigenen Gott. Mohameds kriegerischer Islam hat die Einheit der Araber auf dem Weg über die einigende Religion geschaffen. Das hat zu

---

12 a.a.O.S.87
13 Hamed Abdel-Samad, Mohamed. Eine Abrechnung, S.90/91

einer einheitlichen arabischen Schriftsprache geführt, die es vor Mohamed nicht gab. Erst mit dem Koran ist die arabische Sprache entstanden, die heute in 22 Staaten gesprochen wird. Mohamed überwand die altarabische Götterwelt der Stämme. Araber ist, wer Muslim ist. So beginnt im Jahr 622 eine neue Zeit, auch eine neue, islamische Zeitrechnung. Das neue Gesellschaftssystem ist Staat und Religion in einem Guss, die religiös-islamische Einheit.

Im 21. Jahrhundert kamen die Anstöße zur Abschaffung dieses Gesellschaftssystem am wenigsten aus den betroffenen Ländern selbst, vielmehr von Seiten nicht-islamischer Staaten. Im Jahr 2003 griff der US-Präsident George W. Bush den Irak an und stürzte das Regime Saddam Husseins.
Dem islamischen Herrscher wurde eine Vielzahl politischer Morde zugeschrieben. Doch die Zahl der Kriegstoten durch den amerikanischen Angriffskrieg ist unvergleichlich viel höher. Es bleibt die Frage im Raum der Geschichte stehen, darf eine westliche Demokratie, die sich selbst als überlegenes System klassifiziert, ein anderes Gesellschaftssystem liquidieren?

Als Spätfolge haben der amerikanisch-britische Angriff auf den Irak und andere Einflussnahmen unter dem Stichwort 'arabischer Frühling' zu den gewaltigen Flüchtlingsströmen im Nahen Osten geführt. Als Flüchtlinge getarnt kamen auch die al-Saa'alik nach Europa. Niemand vermag zu sagen, wie viele Kriminelle sich in dem unkontrollierten Strom von Flüchtlingen befunden haben, den die Regierung nach Deutschland durchgewunken hat.

Wenn es um die Frage der Rückführung der Flüchtlinge geht, verwundert es nur auf den ersten Blick, dass es Proteste in deren Herkunftsländer gegen eine Rückkehr dieser Personen aus Deutschland gibt.

Im Herkunftsland ist man froh, diese Aussteiger/ al-Saa'alik mit kriminellem oder sozial feindlichem Potential fern der Heimat zu wissen. Aus ihrer Sicht ist die Ablehnung nur allzu verständlich. Mag doch das aufnehmende Deutschland mit einer blinden Gut-Menschen-Mentalität zusehen, wie sie sozial-feindliche Menschen beaufsichtigt. Der Anteil der Kriminellen ist zwar nur eine kleine Minderheit unter den Flüchtlingen, doch diese bereitet die besonderen Probleme.

Über diesen kriminellen Anteil in der Flüchtlingspopulation hinaus, gilt es für die Zukunft der in Deutschland befindlichen Muslime noch einen weiteren Aspekt zu diskutieren. Der irakische Außenminister Mohammed Ali al-Hakim richtete im Dezember 2018 einen Appell an seine nach Deutschland geflüchteten Landsleute zur Rückkehr. „Wir hoffen, dass diese Bürger freiwillig in den Irak zurückkehren werden".„Der Irak ist ein sicheres Land, und wir rufen unsere Bürger zur freiwilligen Rückkehr in unser Land auf."[14] Die Geflüchteten werden im Irak zum Aufbau des Landes gebraucht. Allerdings wird die Rückkehrwilligkeit dadurch sehr eingeschränkt, dass den Flüchtlingen in Deutschland ein ungerechtfertigter Zugang zu den lukrativen deutschen Geldtöpfen offen steht. Das muss erst noch ausgemerkelt werden.

---

14 https://www.welt.de/politik/ausland/article185676952.html

Kapitel II : Der innerislamische Krieg

...und so fing der Religionskrieg an.

Im Iran fand 1978 eine islamische Revolution statt. Die Schiiten eroberten einen Staat, der unter dem Schah westlich geprägt war. Das brachte große Unruhe in die islamische Welt. Dann geschah etwas, was man bisher nicht für möglich gehalten hatte. Islamistische Kräfte stoßen in das Herz des Islam vor. Sie besetzen die Große Moschee in Mekka im Jahr 1979.

Damit beginnt der innerislamische Krieg der Gegenwart.

Der Zeitpunkt ist bewusst gewählt. Es beginnt ein neues Jahrhundert islamischer Zeitrechnung. 1400 Jahre nach der Hedschra, der Auswanderung des Propheten von Mekka nach Medina, wird die Große Moschee von Mekka in einem Handstreich militärisch besetzt. Ausgerechnet jener Ort, an dem es den Gläubigen strengstens verboten ist, Waffen bei sich zu haben. Ein Sakrileg.

Unerkannt strömen am 20. November 1979, dem Vorabend des islamischen Neujahrstages, schwer bewaffnete Männer in die Große Moschee und nehmen Tausende Pilger als Geiseln. Sie fordern den Sturz des saudischen Königshauses. Ihr Ziel ist es, einen wahren islamischen Staat zu errichten. Mit Beginn des neuen Jahrhunderts soll in der Glaubenswelt des Islam aufgeräumt und der Zustand wieder hergestellt werden, wie ihn einst Mohamed von seinen Anhängern gefordert hat.

Der saudische König Khalid konnte nicht einfach sein Militär nach Mekka schicken, um den Aufstand niederzuschlagen. Der heiligste aller islamischen Orte ist schließlich eine waffenfreie Zone. Zudem hatte der saudische König keine geistliche

Macht, er war kein Kalif. So beauftragte er wahhabitische Religionsgelehrte, ein Rechtsgutachten, eine Fatwa, zu erstellen. An diesem Vorgang zeigen sich die komplizierten Machtverhältnisse in einem islamischen Staat. Der Chef einer Königsdynastie braucht die Religionsgelehrten für seine politischen Entscheidungen.

In diesem Fall geben die Kleriker grünes Licht und billigen eine militärische Rückeroberung der Großen Moschee. Dabei stellen sie allerdings eine Bedingung. Der saudische König muss sofort und für die künftigen Jahre Milliardenbeträge für die Verbreitung der wahhabitischen Interpretation des Islam zur Verfügung stellen. Diese islamische Missionsarbeit hält bis heute in umfangreichen Stil an. Um die Macht für sich und sein Königshaus zu erhalten, bleibt König Khalid keine andere Wahl, als sich auf diese Bedingung einzulassen.

Doch der Kampf gegen die Aufständischen und Besetzer der Moschee erweist sich als komplizierter als angenommen. Der Aufstand ist kriegstechnisch und von den Vorräten her gut geplant. Die großen unterirdischen Gewölbe des Heiligtums bieten eine sichere Bastion für die Besetzer. Die Regierung schafft es militärisch nicht, den Aufstand niederzuschlagen.

Man braucht militärische Hilfe aus dem Ausland. Eine Anfrage bei der französischen Regierung ist erfolgreich. Frankreich entsendet ein Bataillon Fallschirmjäger.

Doch mit konventionellen Mitteln gelingt auch dieser Truppe kein Sieg. Erst durch den Einsatz von Giftgas gelingt es nach zweiwöchiger Dauer die Besetzung der Moschee zu beenden. Es gibt mehrere Hundert Todesopfer auf Seiten der Besetzer. Das Terrorkommando bestand aus etwa 500-1000 Islamisten. Der fundamentalistische Prediger al-Utaibi war der Anführer. Ihm wird öffentlich und zusammen mit weiteren seiner Getreuen der Kopf abgeschlagen.

Die Drahtzieher dieses Attentats sind unbekannt geblieben.

Der iranische Ayatollah Khomeni macht bereits am nächsten Tag in einer Radiobotschaft die USA für die Besetzung des islamischen Heiligtums verantwortlich, was weltweit zu Angriffen auf amerikanische Botschaften führt. Warum hat es der Iran so eilig, eine Beteiligung in Abrede zu stellen? Bis heute hat man keine Beweise gefunden, dass die islamische Revolution der Schiiten die Terroraktion gesteuert hat.

Die französische Regierung konnte damals nicht ahnen, dass später Frankreich ein besonderes Anschlagsziel für Islamisten werden wird. Frankreichs Eingreifen in innerislamische Auseinandersetzungen stellt eine Fortführung der alten kolonialen Mandatsmacht im Vorderen Orient dar. Frankreich und England hatten willkürlich die territoriale Aufteilung des ehemaligen Osmanischen Reiches vorgenommen.

Ohne Rücksicht auf religiöse Strukturen hatten sie die Staaten Syrien, Irak, Jordanien, Israel nach kolonialem Gutdünken auf der Landkarte eingezeichnet.

Der irakisch-iranische Krieg

Wenige Monate nach dem Überfall auf die Große Moschee in Mekka kommt es zu einem militärischen Zusammentreffen der beiden islamischen Blöcke Sunniten (Irak) und Schiiten (Iran). Es gibt mehrere Kriegsgründe. Einer davon ist der religiöse Hass. Niemand hat nachweisen können, ob auch der Iran Strippenzieher für den Angriff auf Mekka war.

Am 22.September 1980 erklärt der irakische Diktator Saddam

Hussein dem Iran den Krieg. Der Irak zielt auf die Ölfelder in der persischen Provinz Khuzestan, weshalb die Historiker vom ersten der Golfkriege sprechen, die ums Öl geführt wurden. Acht Jahre währte der Krieg, den eine Million Menschen mit ihrem Leben bezahlen mussten.

Neben dem Öl hat Khuzestan noch eine andere Bedeutung. Hier leben viele Araber.

- Saddam Husseins politisches Ziel war <u>panarabisch</u> ausgerichtet, also eine arabische Vereinigung ohne iranischen Einfluss.

- Khomeni hingegen hatte eine <u>panislamische</u> Vision. Die Iraner glaubten, die islamische Revolution zunächst in das irakische Nachbarland und danach in weitere islamische Staaten zu tragen.

Nach grausamen acht Kriegsjahren (1980-88), in denen der Irak auch geächtete B- und C-Waffen einsetzte, schaffte es der UN-Sicherheitsrat, eine Resolution für einen Waffenstillstand vorzulegen, den beide Seiten akzeptierten. Die Krieg kam zum Erliegen. Es wurde zwar nicht mehr gekämpft, doch die Feindlichkeit blieb.

Einen Friedensvertrag gibt es bis heute nicht, der religiöse Konflikt ist nicht ausgeräumt.

Die nächste Front

Vom Geist der islamischen Erneuerung war ein junger Mann fasziniert, der in Saudi-Arabien lebte und einer großen Unternehmerfamilie mit jemenitischen Wurzeln entstammt. Er entkommt der islamistischen Säuberung. Sein Name wird später in aller Munde sein: Osama bin Laden. Er flieht nach

Afghanistan, um bei der Befreiung des islamischen Landes gegen die Sowjetarmee zu kämpfen. Viele weitere junge Fundamentalisten aus verschiedenen Ländern ziehen dorthin. Es sind vor allem ägyptische Dschihadisten, die dem militanten Flügel der Moslembruderschaft angehören. Bin Laden gelingt es, sie alle im Kampf gegen die Ungläubigen zu einen. Nach der Vertreibung der Sowjets aus Afghanistan ist es ihr nächstes militärisches Ziel, die Ungläubigen von der arabischen Halbinsel zu vertreiben.

Bin Ladens Dschihad-Erklärung gegen die Amerikaner, die mit Saudi-Arabien auch die heiligen Stätten besetzt halten, führen schließlich am 11. September 2001 zu den verheerenden Anschlägen auf die Türme des World Trade Centers in New York.

Die Vereinigten Staaten sehen sich genötigt, in Afghanistan einzumarschieren. Es wird ein langer und teurer Kampf, der allerdings den USA nicht den gewünschten Erfolg bringt.

Al-Qaida kann nicht ausgelöscht werden. Zwar gelingt es den Amerikanern bin Laden zu töten. Doch Al-Qaida entwickelt eine neue Strategie für den Kampf gegen die Ungläubigen: die Strategie des führerlosen Dschihad, d.h. Al-Qaida gibt nur das Kampfziel vor. Die Anschläge selbst werden von kleineren Gruppen oder Einzeltätern in Eigenregie durchgeführt. Die dschihadistisch-salafistische Ideologie findet via Internet leichte Verbreitung. Potentielle Terroristen finden sich unerkannt in allen Ländern. Sie scheinen so zahlreich zu sein, dass die Geheimdienste nur einen kleinen Ausschnitt erfassen können. So gelingt es Tschetschenen im Jahr 2013 beim Boston-Marathon unerkannt Sprengsätze zünden.

Der Krieg wird ausgedehnt

Die USA greifen den Irak an und erklären der Welt, den internationalen Terrorismus besiegen zu wollen. Als Vorwand dienen angebliche Massenvernichtungswaffen in ihrem Besitz, die jedoch nicht gefunden werden. Am 20. März 2003 erhalten die in Kuwait stationierten Truppen den Befehl zum Einmarsch in den Irak. Ein verhängnisvoller Befehl, der die Kriegsspirale weiter dreht.

Seit der Besetzung der Großen Moschee führt die salafistische Spielart des Wahhabismus zu einer Radikalisierung von Muslimen in der ganzen arabischen Welt. Mit der Geiselnahme von Mekka beginnt die Blutspur islamistischer Terroranschläge. Islamistische Ideologie wird exportiert.
Islamische Terroristen werden weltweit rekrutiert. Die Spur führt über Al-Qaida bis zum Islamischen Staat. Der Hass dieser Terrororganisationen richtet sich gegen jedwede Modernisierung des Islam und sowieso gegen den westlichen Lebensstil der Ungläubigen. Ein islamischer Staat muss nach Maßgabe der Fundamentalisten so organisiert sein, wie es durch Mohamed im 7. Jahrhundert festgelegt wurde. Das ist der wahre Islam, in dem der politischen Alltag durch die Religion bestimmt wird. Der Islam kennt keine Trennung von Staat und Religion.

Das anzuerkennen, fällt westlichen Politikern mit ihrer Demokratie-Ideologie schwer.

Der Krieg in Syrien

Im Zuge des arabischen Frühlings kommt es auch in Syrien zu Demonstrationen für Freiheit und soziale Gerechtigkeit. Der Staatspräsident Assad ist Alawit und gehört einer eigenen Art der islamischen Religion an. Seit Jahren hat er seine Macht durch starke Geheimdienste abgesichert, denn die Alawiten sind eine religiöse Minderheit im Land. Zudem ist in Syrien die Vetternwirtschaft seit langem ein Grundübel im Staat Assads. Alle wichtigen Posten im Land sind mit seinen Leuten besetzt. Das ist auch ein Grund, weshalb die Demonstrationen gegen die Regierung zu einem Bürgerkrieg ausgeufert sind.

In den Städten Homs und Hama kommt es im Sommer 2011 zu bewaffneten Aufständen gegen Assad. Im Laufe der Zeit gerät der Konflikt außer Kontrolle. Es handelt sich nicht um einen Bürgerkrieg mit klaren Fronten. Unzählige Milizen kämpfen für ihre eigene Sache.

In der Realität des Jahres 2017 existiert der einst von den Franzosen künstlich geschaffene Staat Syrien nicht mehr.

Auch innerhalb des Landes hat es eine große Fluchtbewegung gegeben. Religiöse, nationale, ökonomische Interessen zeigen auf dem Territorium des ehemaligen Syrien die ganze Unlösbarkeit dieses islamischen Religionskrieges im Nahen Osten. Die sich bekämpfenden Gruppen begehen schreckliche Verbrechen bis hin zur Anwendung von Giftgas. Massaker allerorten, in den Gefängnissen werden Gegner qualvoll zu Tode gefoltert.

Als grobe Klassifizierung haben sich fünf Kriegsparteien auf dem Boden des ehemaligen Syrien herausgebildet:
- das Assad-Regime,
- der Islamische Staat,
- die sunnitischen Rebellen,
- die vom Iran und der Hisbollah unterstütze schiitische Gruppe und
- die kurdische YPG-Miliz.

Geopolitische Interessen stehen hinter den Parteien.

Für die Türkei gilt es als nicht hinnehmbar, dass die Kurden im nördlichen Teil Syriens ein eigenes Verwaltungsgebiet bekommen, was sie de facto haben.
Der schiitische Iran steht mit Geld und Waffen hinter Assad. Saudi-Arabien unterstützt seine sunnitischen Glaubensbrüder. Kämpfer aus Afghanistan und anderen islamischen Ländern halten den IS am Leben.
Die als 'syrische Rebellen' zusammengefasste Gruppe (z.B. die Salafisten Ahrar al-Scham, die Dschihat-Front Dschabat Fatah-al Scham) kämpfen für einen islamischen Staat mit Gesetzen der Scharia. Nur für den oberflächlichen Betrachter, der Religion außen vor lässt, erscheint es kurios, dass diese Milizen nicht mit dem IS gemeinsame Sache machen.
Den Machterhalt Assads unterstützen der Iran, ebenso die gegenwärtige Regierung des Irak, weiter die Hisbollah-Kämpfer aus dem Libanon und schließlich Russland.
Die Türkei will den Sturz Assads, ebenso Saudi-Arabien, beides Länder mit eigenen Vorstellungen von Demokratie.

Die Militärkoalition von 60 Staaten unter Führung der USA kann mit ihrem Kampf gegen den IS zu keiner Lösung dieses vielschichtigen Krieges beitragen. Selbst nach einem militärischen Sieg und einer Auslöschung des Islamischen Staates wird der innerislamische Kampf weitergehen.
Westliche Politiker glauben, Frieden kann es nur ohne Assad geben. Ihr Allheilmittel zur Lösung des Problems lautet 'Demokratie', und das ohne Beachtung der Religion.

Fazit: Es sind gegenwärtig keinerlei Ansätze erkennbar, wie man militärisch, religiös, politisch, international diesen Krieg beenden kann. Das Dilemma ist das große innerislamische Zerwürfnis.

Die Folgen in Europa 2015

Bisher hat sich der innerislamische Konflikt vor der Haustür Europas abgespielt. Ende 2015 wird Europa und in erster Linie Deutschland durch eine gewaltige Fluchtbewegung mit den islamischen Problemen konfrontiert. Denn die Flüchtlinge haben nicht nur ihre wirtschaftliche Not, sondern auch ihre Weltanschauung im Gepäck.

Die Flüchtlinge sind Muslime

Angelockt wurden die Flüchtlinge nicht durch eine andere Religion, sondern durch geschönte Erwartungen auf Wohlstand und Geld. Internet und soziale Medien haben den Wunsch angeheizt, in das von ihnen als reich angepriesene Deutschland zu gehen.

Auf deutscher Seite gab es kein Konzept für Unterbringung, Versorgung, Verweildauer, den Asyl- oder Flüchtlingsstatus usw. Der im europäischen Vergleich hohe Standard bei der Unterbringung und die zu hohen Sozialleistungen haben die meisten Flüchtlinge nach Schweden, Österreich und hauptsächlich nach Deutschland gelockt.

Menschen kamen aus den ärmsten, gewalttätigsten und rückständigsten Regionen der Welt in unser Land. Die Regierung hat Milliardensummen dafür bereit gestellt und der eigenen Bevölkerung mit Illusion oder aus Unkenntnis vorgegaukelt, diese Menscheninvasion sei ein gigantisches Konjunkturprogramm und werde eine Quelle für künftigen Wohlstand sein. Die Realität sieht anders aus. Denn diese Armutsflüchtlinge kommen ohne berufliche Qualifikation nach Europa und bleiben damit ohne jegliche Zukunftsperspektive. In der Folge kommen diese Menschen in den Dauerzustand, Empfänger von sozialstaatlichen Leistungen als Lebensform beizubehalten. Sie bleiben ohne Motivation, durch eigene

Arbeit ihren Lebensunterhalt zu verdienen.

Thilo Sarrazin charakterisiert die muslimische Zuwanderung wie folgt
„ - Sie erfolgt nicht, um religiöser Unterdrückung zu entfliehen.
- Sie erfolgt, obwohl Religion und Kultur der Aufnahmeländer abgelehnt werden.
- Sie führt nicht zu einer Vermischung mit den Menschen des Aufnahmelandes durch Heirat, dem steht der muslimische Glaube entgegen....
- Sie führt vielerorts zu Parallelgesellschaften.
- Sie führt zu einer anhaltenden und erheblichen Verschiebung in der Demografie der aufnehmenden Länder, weil die Muslime aufgrund ihres zwanghaften Frauen- und Familienbildes früher heiraten und mehr Kinder bekommen als die Bevölkerung der aufnehmenden Länder“[15]

Die neue Islamisierung

Die Flüchtlingswelle zum Jahresende 2015 hat Deutschland unkontrolliert überrollt.
Eine Einzelprüfung für Asylanträge war de facto nicht möglich, jeder war einfach willkommen. Geprüft wurde irgendwann, oder nie - wenn der Flüchtling abgetaucht war.
Die Kanzlerin orientierte sich nicht an der Leistungsfähigkeit unseres Landes, sondern erhob ein formal-juristisches 'Das Asyl kennt keine Obergrenze' zur sturen Maxime. Gegen den Flüchtlingszustrom nach Deutschland, so fügte sie hinzu, müsse man die Ursachen in den Herkunftsländern bekämpfen. Dass diese Illusion kein Handlungskonzept für den Massenansturm in der Gegenwart sein kann, wollte sie nicht gelten lassen. Es ist gar nicht möglich, in Syrien, Irak oder Jemen den

---

15 Thilo Sarrazin, Feindliche Übernahme, S. 245

Konflikt zwischen Sunniten und Schiiten zu beseitigen. Auch können die Kämpfe zwischen den verfeindeten Stämmen in Somalia, Libyien, Nigeria nicht beendet werden, indem man diesen Ländern eine pluralistische Demokratie aufzwingen will. Bekämpfung der Fluchtursachen stellt eine Illusion dar.
'Wir schaffen das' wurde zur Chiffre staatlicher Ohnmacht.
Man kann nicht den Staatszerfall in den Herkunftsländern dem deutschen Steuerzahler aufbürden, und Deutschland kann nicht ohne Obergrenze Fluchtort für Millionen sein.

Es gab warnende Stimmen vor unkontrollierter Aufnahme von Flüchtlingen, wie den Journalisten Peter Scholl-Latour: Wer einen Teil Kalkuttas ins eigene Land holen will, der hilft nicht Kalkutta, sondern holt die Probleme Kalkuttas ins eigene Land. Das gilt mutatis mutandis für Deutschland und die Flüchtlinge aus der islamischen Welt:
Merkels Politik ist kein Beitrag zur islamischen Krise, sondern islamisiert Deutschland.
Auf einen Zusammenstoß der Kulturen war man nicht vorbereitet.

- Religion gilt in der Öffentlichkeit weithin als veraltet, uninteressant, überholt. Wer hat sich für den Islam interessiert?

- Ein Informationsdefizit gibt es in gleicher Weise bei den Regierenden und Entscheidungsträgern. Z.B. fordert der Innenminister de Maizière, die Islam-Verbände (türkisch) sollen Anlaufstellen für die islamischen Flüchtlinge (arabisch) sein. Einfach absurd.

- In Deutschland arbeitet der türkische Islam seit Jahren daran, eine Anerkennung als gleichwertige Religion neben den Großkirchen zu finden. (Deutsche Islamkonferenz)

- Beide Kirchen haben einen theologischen Verrat an ihrer eigenen Religion vollzogen, indem sie den Unterschied im Gottesbegriff zwischen Christentum und Islam eingeebnet haben. Die Katholische Kirche war Vorreiter. Die prägenden evangelischen Theologen Bedford-Strohm und Käßmann befinden sich auf Kuschelkurs mit dem Islam.
- Staatliche Sicherheitsbehörden, Polizei und Justiz waren nicht darauf eingestellt, dass eine Menschenmenge Deutschland überfällt, die keine Trennung zwischen Staat und Religion kennt.

Die Regierung Merkel hat durch ihre Flüchtlingspolitik eine ungehemmte Islamisierung Deutschlands betrieben. Gleichzeitig hat sie es versäumt, eine Gesetzgebung zu Religion und Religionsfreiheit den geänderten Bedingungen anzupassen. Integration bleibt Wunschdenken.

Das Desinteresse des deutschen Staates am Islam

Die beiden Journalistinnen Elisabeth Knoblauch und Hannah Knuth[16] sind der Frage nachgegangen, wie viele Moscheen es in Deutschland gibt? Dabei stießen sie auf das unglaubliche Desinteresse unseres Staates. Das Innenministerium konnte ebenso wenig Auskunft geben wie der Verfassungsschutz. Verwundert fragen sie „Deutschland, das Land der Präzision, der fein säuberlich geführten Listen, der leise schnurrenden Bürokratie, weiß nichts von seinen Moscheen? Es gibt keine exakte Zahl? Kann das sein?" In den Städten und Kommunen werden Vereinsregister geführt. Die meisten Moscheen sind zwar als Verein organisiert, doch im Namen muss nicht erkennbar sein, dass es sich um eine Moschee handelt. Die

___
16 DIE ZEIT Nr. 30/2016, 14. Juli 2016

Suche nach der Anzahl bleibt auf diesem Weg erfolglos.

Als statistische Quelle kommen nur die Auskünfte der Islamverbände in Frage. Die aber sind wenig auskunftsfreudig, wie die beiden Journalistinnen feststellen mussten. So bleibt am Ende eine Schätzung. „Die 2.750 Moscheen sind nur eine Schätzung. Niemand weiß, wie viele es tatsächlich gibt. Es existiert keine vollständige Übersicht, es gibt kein amtliches Verzeichnis, keine Verbandszentrale, bei der sich Muslime anmelden könnten – oder gar müssten –, wenn sie eine Moschee eröffnen. Es gibt keine akademische Forschung, keine Behördenstatistik."

Heute gibt es in Deutschland „vielleicht fünf Millionen Muslime; sie stammen aus rund 50 verschiedenen Ländern, haben unterschiedliche Traditionen, Bräuche und Vorstellungen von ihrem Glauben. Was sie miteinander verbindet, ist wenig, im Grunde nur das gemeinsame Verständnis, dass es den einen Gott gibt....In Deutschland erzeugt diese Unübersichtlichkeit Verwirrung und bürokratische Probleme. Zwar steht es nach der deutschen Verfassungstradition allen Religionsgemeinschaften frei, ihre Angelegenheiten selbst zu regeln, solange sie sich an das geltende Recht halten. Niemand kann ihnen Vorschriften über ihre innere Struktur machen." [17]

Die Religionsgesetzgebung in Deutschland ist die gleiche wie vor 100 Jahren, als der Islam noch etwas exotisches war. Die christlichen Kirchen haben den Status 'Körperschaft des öffentlichen Rechts', der sie befähigt, ihre Angelegenheiten selbst zu regeln. Für anderweitige Religionsgemeinschaften gibt es keine Pflicht zur Registrierung. Deshalb werden islamische Einrichtungen überhaupt nicht erfasst. In den

---

17 a.a.O.

Statistik-Jahrbüchern findet man Angaben über so ziemlich alles. Allerdings nichts über die Zahl islamischer Einrichtungen und deren Mitglieder.

Im Mai 2018 befasste sich der Wissenschaftliche Dienst des Bundestages mit der "Finanzierung von Moscheen bzw. 'Moscheevereinen'". Die Klärung sei schwierig, da keine amtlichen Statistiken existieren, stellte man fest. Die Fachleute des Bundestages bringen nur vage Schätzungen zusammen und sprechen von „mindestens 2350 bis 2750 Moscheegemeinden oder –vereinen.
Und sie nennen auch eine Gesamtzahl der Muslime in Deutschland: zwischen 4,4 bis 4,7 Millionen Muslime unterschiedlichster Glaubensrichtung, Konfession, Ethnie und politischer Gesinnung".[18]
Im Amtsdeutsch des Bundestages heißt das, es gebe einen "grundlegenden Mangel vorausgesetzter Daten, fehlenden Zugriff und Kontrollmöglichkeit möglicherweise existierender Datensätze".
Das ist die Folge des Desinteresses dieser Regierung an religiösen Fragen.

Welcher Zuwachs an Muslimen und Moscheen seit der Flüchtlingswelle 2015 eingetreten ist, bleibt im Dunkeln. Die Bundesregierung hat daran kein Interesse. Die Finanzierung der Moscheen und ihrer Mitglieder erfolgt in unbekannter Höhe aus dem Ausland.

---

18 https://www.dw.com/de/zahl-der-moscheen-und-gebetsräume-unbekannt/a-45804430_**Autor** Christoph Strack

Der Islam- ein internationaler Überblick

Der Islam ist kein einheitliches Gebilde, sondern ein Oberbegriff, eine Zusammenfassung zerstrittener Religionsrichtungen, derzeit im kriegerischen Konflikt.

Das Ende des 1. Weltkriegs bedeutete für den Islam eine einschneidende Veränderung: Die Zerschlagung des Osmanischen Reiches. In Istanbul residierte das Oberhaupt aller Muslime.

Der Kalif war, wie es der arabische Name sagt, der 'Nachfolger' des Propheten Mohamed. Als Oberhaupt aller Muslime und Vertreter des Propheten Gottes war er für die islamische Welt des Osmanischen Reiches so etwas wie der Papst für die katholische Welt.

Damit war es nach dem 1. Weltkrieg vorbei. Die Türkei des Mustafa Kemal Atatürk hat das Kalifat aufgelöst.

Die einzelnen Gruppierungen des Islam werden im Folgenden skizziert.

Kapitel III Die wichtigsten Islam-Varianten

Der türkische Islam

Mustafa Kemal, genannt **Atatürk** ('Vater der Türken'), beendet das Kalifat. Alle Angehörigen der Familie Osman müssen das Land verlassen. Atatürk begründet 1923 einen türkischen Staat nach dem Vorbild europäischer Demokratien. Das ist zugleich das Ende für den Vielvölkerstaat des Osmanischen Reiches. Von den Türken verlangt Atatürk ein starkes Nationalgefühl. Er macht sich selbst zum ersten Präsidenten des türkischen Nationalstaates.

Die Verbindung zu dem Rest des Osmanischen Reiches kappt Atatürk dadurch, dass er die arabische Schrift und Sprache in der Türkei verbietet. Jetzt wird Türkisch gesprochen und mit lateinischen Buchstaben geschrieben, so wie in Europa.

Die Türken interessiert es nicht, dass die nicht-türkischen Moslems des bisherigen Osmanischen Reiches nun ohne Oberhaupt sind. Als umsichtiger Staatsmann weiß Atatürk auch, dass er für die religiösen Belange seines Volkes einen Ersatz in der moslemischen Führung braucht. Er gründet das 'Präsidium für religiöse Angelegenheiten', das Diyanet. Diese Behörde kann man mit dem Vatikan vergleichen.

Heute verfügt sie über mehrere zehntausend Mitarbeiter. Ihre Aufgabe ist die Ausbildung der Imame. Und damit bestimmt das Diyanet, was in den Moscheen gepredigt wird. Diese Aufgabe war in der Frühzeit auf die Türkei beschränkt. Doch mit der Einwanderungswelle der türkischen Gastarbeiter in den 1960-er Jahren nach Deutschland bestimmt das Diyanet auch, was die Imame in Deutschland zu predigen haben.

Der jeweilige amtierende Präsident des Diyanet – man höre und staune! – gehört automatisch der Türkisch-Islamischen Union in Deutschland (DITIB) an. DITIB ist ein Dachverband mit Sitz in Köln-Ehrenfeld, der unter der Kontrolle und Aufsicht des Diyanet steht. Die Imame werden für einige Jahre nach Deutschland geschickt und von der Türkei bezahlt.

Gegenwärtig werden an die tausend Imame in Deutschland von der Türkei bezahlt. Sie haben ihre Ausbildung in Ankara erfahren. In der Regel sprechen sie kein Deutsch. Diese Imame sind Beamte des türkischen Staates und seiner Religions-behörde Diyanet. Der deutsche Ableger DITIB lehnt einen Religionsunterricht in deutscher Sprache ab.

Sowohl wirtschaftlich als auch ideologisch greift die Türkei damit in die inneren Angelegenheiten Deutschlands ein. Die deutsche Regierung hat verkannt, welche Fremdsteuerung der türkisch sprechenden Menschen in Deutschland das darstellt. Mit dem Hinweis auf 'Religionsfreiheit' haben deutsche Politiker - allen voran die Grünen - verleugnet, dass diese Art religiöser Eigenständigkeit eine Integration in die deutsche Gesellschaft verhindert.

Bei seinen Besuchen und öffentlichen Auftritten hat Erdogan von seinen Landsleuten stets verlangt, ihre türkische Identität beizubehalten. Sie sollen ihre Sprache und ihr Brauchtum beibehalten. Sie sollen sich nicht an das Deutschtum assimilieren. So die Aussage Erdogans am 17. Mai 2010 in Köln und vorher schon 2008. Er forderte die Zuhörer auf, die 'eigene Kultur, Religion und Identität' zu bewahren.

Da die deutsche Öffentlichkeit nicht versteht, was in den Moscheen gepredigt wird, ist mit dieser Religionsausübung ein Grundstein für eine eigenständige türkisch-islamische Welt in Deutschland gelegt worden, eine türkische Parallelwelt.

Die mitregierende SPD hat ausgerechnet eine türkisch-stämmige Deutsche zur Ausländerbeauftragten gemacht, Frau Staatsministerin Aydan Özoğuz.

Der türkische Islam hat eine Reihe von Elementen aus der arabischen Stammesgesellschaft übernommen. Das betrifft insbesondere die Stellung der Frau. Bei den Arabern wird die Frau als Besitz der Familie betrachtet. Eine junge Frau kann sich nicht ihren Lebenspartner aussuchen, sie wird vom Vater verheiratet. Auch im Erbrecht wird die Frau benachteiligt. Sie bekommt in den meisten arabischen Ländern nur die Hälfte von dem, was der männliche Erbe bekommt.

Die Begründung: Das Erbrecht ist vom Propheten Mohamed festgelegt worden. Auch vor Gericht zählt in islamischen Staaten die Aussage eines Mannes doppelt so viel wie die Aussage einer Frau.

Im Koran steht, die Frau ist dem Mann untertan. Jedoch finden sich auch solche Passagen, die den Glauben als Befreiung der Frau aus der Unmündigkeit erklären wollen.

Die Imame geben durch ihre Interpretation des Islam den Glaubensinhalt vor. Sie legen fest, was gilt.

In der Koran-Sure 24 steht 'Sag den gläubigen Frauen, dass sie ihre Blicke senken und das sie ihre Scham bewahren sollen und dass sie einen Schal um den Kopf tragen'. Der türkische Verband sagt nach den Vorfällen der Kölner Silvesternacht 2016: Mit diesem Outfit kann man sich vor sexueller Belästigung schützen.

Ein Konzept zur Wiedererlangung von Sicherheit in Deutschland kann das wohl nicht sein.

Der türkischen Islam ist seinerseits zersplittert. Es gibt viele selbständige Moscheevereine, aber auch größere Islamverbände.

- der Islamrat für die Bundesrepublik Deutschland (IR) ist eine Vertretung türkischer Muslime
- die Türkisch-Islamische Union der Anstalt für Religion (DITIB) ist der verlängerte Arm des Diyanet (s.o.)
- der Verband der Islamischen Kulturzentren (VIKZ)

Diese Verbände haben sich 2006 zum Koordinationsrat der Muslime in Deutschland (KRM) im Rahmen der Deutschen Islam Konferenz (DIK) zusammengeschlossen. Zu diesem gehören

- der Zentralrat der Muslime in Deutschland (ZMD). Nach eigenen Angaben des ZMD sind nur die

Hälfte der Mitglieder türkische Muslime, aber viele Mitglieder gehören auch zur IGD. Guido Steinberg vom Islamischen Zentrum München e.V. sieht im Zentralrat der Muslime in Deutschland den verlängerten Arm der syrischen und ägyptischen Moslembruderschaft.

– die Islamische Gemeinschaft in Deutschland (IGD). Diese gilt als von der internationalen Moslembruderschaft geprägt.

Die Vertreter der türkisch-islamischen Verbände buhlen um Anerkennung durch deutsche Politiker für eine politische und religionsrechtliche Anerkennung. So setzt das Bundesland Hessen auf Unterstützung durch den DITIB beim islamischen Religionsunterricht. In Rheinland-Pfalz sieht die Ministerpräsidentin Malu Dreyer DITIB als einen unverzichtbaren Partner. Da steckt eine gute Portion Ahnungslosigkeit dahinter.

Susanne Schröter, Direktorin des Forschungszentrums Globaler Islam an der Frankfurter Goethe-Universität urteilt darüber: „Das ist eine katastrophale Politik, die da gemacht wird. Ditib macht eine geschickte Politik, entsendet Leute in Parteien und Gremien, und überzeugt offensichtlich manche Politiker, die zeigen wollen, dass sie Muslime mit ins Boot holen. Das ist ja an sich kein Fehler, doch man sollte sich hüten, Ditib zu einem besonders privilegierten Partner zu machen oder gar zur Vertretung der Muslime in Deutschland aufzuwerten. Die Organisation ist nämlich nur die Vertretung eines kleinen Teils der Muslime. Die meisten Muslime gehören gar keinem Verband an."[19]
DITIB steht für eine Bewahrung des nationalen Türkentums

---

19 Allgemeine Zeitung am 14.05.2016

und verhindert eine Eingliederung türkischer Migranten in die deutsche Gesellschaft.

Alles was die deutsche Öffentlichkeit als 'muslimisch' versteht, ist wesentlich von dem türkischen Islam geprägt. Er ist aufgrund seiner Geschichte (Zerfall des Osmanischen Reiches) von einer Abgrenzung zu dem arabischen Islam geprägt.

90% der fast eine Million Flüchtlinge, die Ende 2015 nach Deutschland geflutet sind, gehören dem arabischen Islam an. Offenbar in völliger Unkenntnis der islamischen Geschichte fordert der Innenminister de Maizière, die islamischen Verbände sollten 'Anlaufstellen' für die Flüchtlinge sein, sie sollten 'Integrationslotsen' sein. Eine dümmere Idee kann man kaum haben. Die arabischen Moslems werden in den türkischen Moscheegemeinden keine Heimat finden können, da besteht gegenseitige Ablehnung. Hilfloser kann ein deutscher Politiker kaum ausdrücken, was er unter Integration versteht.

Ali Ertan Toprak, Präsident der Immigrantenverbände, sagt: 'Die islamischen Verbände sollten erst mal für die Integration ihrer eigenen Mitglieder sorgen, bevor sie die staatlich subventionierte Integrationsarbeit für die Flüchtlinge übertragen bekommen. Die Islamverbände verweigern sich einer ehrlichen Debatte über die deutsche Werteordnung und verstecken sich hinter Religionsfreiheit'.[20]

Der arabische Islam

Parallel zu den nationalistischen Bestrebungen der Türkei hat sich schon während des 1. Weltkriegs eine panarabische Bewegung gegründet. Der Sherif von Mekka, Hussein, aus

---

20   Die Welt /politik/ deutschland/article148744634

dem uralten arabischen Geschlecht der Haschemiten wird ihr Anführer. Er ruft zum arabischen Aufstand gegen die Osmanen auf. Das kam den Engländern als Kriegsgegner der Türkei gelegen. Sie unterstützten die panarabische Bewegung. Erst als diese zu mächtig wurde, änderten sie ihre Meinung und kehrten zum kolonialen 'divide et impera' (teile und herrsche) zurück.

Sherif Hussein Ibn Ali hatte weitreichende Pläne für die Zeit nach dem Krieg. Er will der Anführer des zu Ende gehenden Osmanischen Reiches werden. Er fühlt sich berufen, als neuer Kalif Nachfolger Mohameds zu werden. Das Kalifat soll Mesopotamien, das gesamte Palästina, die gesamte arabische Halbinsel und Ägypten umfassen. Hussein verhandelt mit dem britischen Hochkommissar McMahon, der seinen Sitz in Kairo hat. Die Briten sind einverstanden mit dem arabischen Kalifat nach Kriegsende. Die Zusicherung ist dokumentiert.

Doch die britische Diplomatie ist eine mehrgleisige. Der jüdische Repräsentant Lord Rothschild in London schlägt dem britischen Außenminister Balfour nach Kriegsende einen eigenen Staat Israel vor. Die von den USA ausgehende Bewegung des Zionismus sieht die Zeit dafür reif. Großbritannien will sich dem nicht verschließen.

Frankreich, die andere große Kolonialmacht der damaligen Zeit, will nach Kriegsende eine Aufteilung des großen Osmanischen Reiches. In einem geheimen Abkommen (Sykes-Picot-Abkommen) einigen sich Frankreich und England auf eine Aufteilung des Nahen Ostens. Die betroffenen Völker erfahren davon zunächst noch nichts.
Der Kriegs- und Kolonialminister von Großbritannien, Sir Winston Churchill, setzt auf einer Konferenz des Völkerbundes

(Vorgänger der UNO) im Jahr 1920 in San Remo die Aufteilung des Osmanischen Reiches in Mandatsgebiete für die Siegermächte England und Frankreich durch. Die Grenzziehung der arabischen Staaten (Syrien, Jordanien, Irak, Libanon) wird durch englisch-französische Übereinkunft ohne eine Beteiligung der arabischen Staaten festgelegt.
Das Mandatssystem war eine neue Form von Kolonial-herrschaft.

Im Ergebnis gab es kein panarabisches Kalifat. Auf religiöse Strukturen haben die Siegermächte keine Rücksicht genommen. Dabei schwelt der uralte Konflikt zwischen Schiiten und Sunniten in der arabischen Welt weiter. Doch seit dem Ende des 1. Weltkriegs gibt es keinen Kalifen mehr.
Der Gedanke einer nationalen Einheit bekommt nach dem zweiten Weltkrieg neuen Auftrieb durch die Gründung der Baath-Partei. Ihre Doktrin geht von einer einzigen ungeteilten arabischen Nation und einem gesamt-arabischen Vaterland aus. Doch funktioniert hat diese panarabische Bewegung nie. Der Brückenschlag durch die Staatenunion zwischen Syrien und Ägypten war nicht von langer Dauer. Im Irak und in Jordanien bildeten sich starke eigene Baath-Organisationen. Das Regime von Saddam Hussein (im Irak-Krieg 2003 von den Amerikanern beseitigt) gehörte der Baath-Partei an. Der eigentliche panarabische Gedanke kam politisch-religiös jedoch nie zum Tragen. In den selbständigen Ländern Syrien, Irak, Jordanien, Saudi-Arabien lag die Macht in den Händen von Familienclans, und die schauten nicht über ihre Ländergrenzen hinaus.
Der panarabische Islam blieb Idee und ein Wunschgedanke. Die Clans und Herrscherhäuser beschritten einen eigenen territorialen islamischen Weg:

- Syrien wird unter Assad alawitisch
- Das irakische Militär konvertiert nach der Niederlage gegen die Amerikaner zum IS
- Saudi-Arabien gleicht einer gefestigter Bastion eines Religionsstaates des Wahhabismus
- Im Iran haben die Schiiten ihren Religionsstaat fest installiert.

Der alawitische Islam

Syrien hat seine eigene islamische Variante. Der Name 'Alawiten' drückt aus, dass Ali, der Kalif und Schwiegersohn Mohameds, eine außerordentliche Bedeutung genießt. Der Klan der Assads ist alawitisch. Seit 1970 stellen die Assads die Regierung und die Führung der arabischen Baath-Partei.

Der Alawismus steht dem Schiitentum nahe. Daher besteht enge Verbindung zum Iran. Die Alawiten haben kein eigenes Schrifttum, für sie gilt einzig der Koran. Doch unterwerfen sie sich nicht der Scharia, dem islamischen Recht. Deswegen ist der Alltag in Syrien deutlich liberaler.

Die Gläubigen müssen nicht fünfmal täglich beten. Auch fordert der Glaube nicht, die Hadsch, die Pilgerfahrt nach Mekka zu machen. Frauen dürfen in der Öffentlichkeit unverschleiert bleiben und vor allem: sie sind gleichberechtigt.

Diese Staatsreligion der Alawiten wird von den gläubigen syrischen Sunniten abgelehnt. Für sie sind die Assad-Anhänger Abweichler vom wahren sunnitischen Glauben. Besonders suspekt ist den Sunniten die Ausgestaltung als Geheimreligion (vergleichbar mit dem Freimaurertum).

In die Seilschaft der Mächtigen im Land kommt man nicht einfach hinein. Dennoch ist der Assad-Clan in weiten Teilen

der Bevölkerung beliebt, weil man von den Fesseln der Scharia frei ist. Die religiös Fernstehenden betrachten die Alawiten sozusagen als das kleinere Übel gegenüber einem strengeren Islam, wie ihn z.B. die Moslembrüder vertreten. Dennoch liegt in dieser Variante des Islam der Zündstoff, der zu den bürgerkriegsähnlichen Auseinandersetzungen in Syrien geführt hat. Im Westen nennt man es 'Bürgerkrieg'.
Diese Etikettierung ist eine Halbwahrheit, denn es handelt sich um einen Religionskrieg. Im Islam sind generell Staat und Religion nicht getrennt. Andersgläubige Muslime sind in Assads Staat bestenfalls geduldet. So werden Oppositionelle bombardiert, auch wenn diese als Bewohner des Landes einen syrischen Pass haben. Und Assad will seine alawitisch-muslimische Politik seinem Land erhalten und nicht die Macht mit strenggläubigen Sunniten teilen. Die Alawiten kämpfen gegen 'sunnitische Dschihadisten' nicht gegen ihre Landsleute.

Aus syrischer Sicht sieht die politisch-religiöse Lage anders aus, als durch die Brille der deutschen Grünen, die nicht müde werden, vom 'Krieg gegen die eigenen Landsleute' zu sprechen, wie Claudia Roth ständig hämmert. Dass es sich um religiöse Feinde handelt, hat Roth nie begriffen. Als willige Anhängerin des türkischen Islam erkennt sie auch nicht die liberale Prägung der Alawiten und tönt 'Assad muss weg'.

Assads Truppen kämpfen nicht nur gegen die syrische islamische Opposition, sondern auch gegen den Islamischen Staat, für den die willkürliche Grenzziehung der Siegermächte des ersten Weltkriegs ein Dorn im Auge ist.
Es bleibt abzuwarten, ob der alawitische Islam reformfähig sein kann, um Sunniten an der Macht teilnehmen zu lassen. Ein alawitisches Reformpapier aus jüngster Zeit lässt das er-

kennen.[21]

Westliche Medien neigen dazu nur das aufzugreifen, was den Sturz Assads herbeiführen könnte.

Der Hass des Westens, der den Sturz Assads fordert, ist nicht anders zu charakterisieren, als eine einseitige Einmischung in den innerislamischen Glaubenskrieg. Und das hat stets die Lage verschärft.

Der Salafismus

Als Salafismus gilt eine ultrakonservative Strömung quer durch alle Richtungen des Islam. 'Salaf' heißt im Arabischen 'Vorfahre'. Die Anhänger dieser theologischen Richtung orientieren ihren Glauben an den Verhältnissen des 7. Jahrhunderts. In der Geschichte des Islam gab es immer Gruppen, die sich von der jeweiligen Moderne abgrenzten und sich an Mohamed's Zeit orientierten. Weil sie zu den Wurzeln, lateinisch radix, zurück wollen, trifft der Ausdruck 'Radikalisierung' für diese Gruppe radikalen Islams zu. Es handelt sich um Fundamentalismus, weil die Orientierung an der Zeit Mohameds von ihren Anhängern als unverfälscht angesehen wird. Der Ausdruck 'Salafisten' wird heute sehr allgemein gebraucht.

Die Suche nach den Anfängen des Salafismus in der Geschichte ist müßig, insofern der Gegenstand nicht eindeutig zu umschreiben geht.

Der Islam des Islamischen Staates

Nach dem gewonnenen Irak-Krieg haben die USA die irakische Armee aufgelöst. Doch die alten Saddam-Offiziere bildeten ein

---

21 'Die Welt' hat es am 03.04.2016 veröffentlicht

Netzwerk, das sich der amerikanischen Kontrolle entzog.
Die einstigen militärischen Gegner kannten das Land bestens, waren kampferfahren, sie waren ausgebildet auf der Grundlage von Einschüchterung, Folter und Angst in dem Saddam'schen Terrorregime. Ein Geschenk für den IS.
Der selbst ernannte Kalif Abu Bakr al-Baghdadi hat diese kampferprobten, beruflich alternativlosen Leute rekrutiert. Als Kalif Ibrahim möchte er die gesamte islamische Welt regieren - so sein militärisches Ziel. Der Islamische Staat orientiert sich am Vorbild des frühen Islam zu Zeiten Mohameds. Ausschließlich die Regeln des Koran und die Worte Mohameds gelten als prägend für das Land und die Muslime.
Der Islam des selbst ernannten Kalifen al-Baghdadi besteht aus der Ideologie des 7. Jahrhunderts gepaart mit einer modernen Herrschaftsstruktur. Der Kalif selbst lebt im Verborgenen.
Er hat Stellvertreter im Gebiet von Syrien und Irak. Die Grenzziehung der Kolonialmächte nach dem 1. Weltkrieg lehnt er ab. Anstelle staatlicher Ministerien hat der IS Ressorts, die als Rat bezeichnet werden. So z.B. den Schura-Rat für die strenge Einhaltung des islamischen Rechts, der Scharia. Ein Geheimdienst-Rat sammelt Erkenntnisse über innere und äußere Feinde. Ein Medien-Rat koordiniert die Propaganda. Der wichtige Finanz-Rat verkauft Erdöl und kauft die Waffen ein. Der IS war/ist ein modernes Staatsmanagement, mit der Religion des 7. Jahrhunderts verbunden.
Der Islamische Staat ist das gegenwärtige Beispiel für den Salafismus.

Im Jahr 2019 steht der Islamische Staat vor dem Verlust seines okkupierten Staatsgebiets. Damit tritt eine qualitative Veränderung ein. Das Kalifat wird wieder zu einer ideellen Größe. De facto ist ein realer IS untergegangen. Er ist geschlagen, doch ist er damit auch besiegt? Als Idee lebt er weiter und wartet auf eine neue Auferstehung. Die Idee lebt so lange, wie es Islamisten gibt, die den Glauben Mohameds radikal, d.h. von der Wurzel her, verwirklichen wollen. Ein Zusammentreffen von Salafismus und Waffengewalt bleibt eine große Gefahr für die Zukunft. Die Ideen des Salafismus lassen sich mit der letzten Schlacht in Syrien nicht ausrotten. Sie sind im Zentrum des Islam verankert.

Der Krieg im Nahen Osten kann nur als innerislamischer Religionskrieg begriffen werden. Wie in jedem Religionskrieg sind die Ziele geprägt von wirtschaftlichen Interessen wie dem Kampf ums Öl. Angereichert wird der Konflikt von dem Imperialismus fremder Mächte, die den islamischen Gebieten ihre Vorstellung von 'Demokratie' aufdrängen wollen.

Der wahhabitische Islam

Scheich Mohammed Ibn Abdul Wahhab aus Riad hat im 18. Jahrhundert zu dem 'wahren Islam' gefunden. Nach seiner Erkenntnis hatte der Islam zu viele fremde Elemente im Laufe der Geschichte aufgenommen. Die Nähe zu der Strömung des Salafismus ist eindeutig.
Als König Faisal 1932 das Königreich Saudi-Arabien ausrief, fühlte er sich der reinen Lehre des Wahhabismus verpflichtet. Die Reinhaltung des Islam verlangt, dass fremde kulturelle Einflüsse von dem heiligen arabischen Boden ferngehalten werden.

Die Wahhabiten erklären jede andere Islam-Interpretation als Abweichlertum und die Schiiten sogar zu Nichtmuslimen. Übrigens wird die Bezeichnung 'Wahhabiten' nur von den

Gegnern Saudi-Arabiens benutzt. Sie selbst bezeichnen sich als Sunniten.

Die umfassende Gültigkeit der Religion ist zwingend. Z.B. gibt es in Saudi-Arabien eine extreme Religionspartei, die zu den Gebetszeiten alle Passanten auf der Straße zum Beten zwingt. Nach alter Stammestradition darf die Frau nicht am öffentlichen Leben teilnehmen. Bis in das Jahr 2018 durfte sie nicht Auto fahren. Der Wahhabismus ist die derzeit strengste Form des Islam, und außer der eigenen Interpretation wird kein anderer Islam anerkannt. Das Land ist abgeschirmt. Für eine Reise nach Saudi-Arabien braucht man ein Visum. Es versteht sich von selbst, dass Saudi-Arabien keine Flüchtlinge aus dem syrisch-irakischen Raum aufnimmt. Das sind Feinde des wahhabitischen Islam.
Saudi-arabische Flüchtlingshilfe sieht so aus, dass sie den Bau von Moscheen in Europa finanziert, um die Ausbreitung des Islam in Europa zu fördern. An Geld mangelt es Saudi-Arabien nicht. Die Moschee-Hilfe ist Teil der Missionsarbeit, die am Ende des Attentats von 1979 der saudische König den Geistlichen zusagen musste.

In Deutschland hat sich der Wahhabismus in Bremen das 'Islamische Kulturzentrum Bremen' aufgebaut. Es hat eine enge Verbindung zum 'Muslim World League' in Saudi-Arabien. Das Bundesamt für Verfassungsschutz beobachtet diese Einrichtung seit Jahren und wirft ihr salafistische Missionierung vor. Aus religiöser Sicht ist das nichts Überraschendes. Es ist das religiöse Selbstverständnis des Wahhabismus und hat eine inhaltliche Nähe zum Islamischen Staat. Über die Bremer Niederlassung des Wahhabismus findet eine kaum kontrollierbare salafistische Indoktrinierung deutschlandweit statt. Wagner resümiert: 'Die Missionsaktivitäten von Saudi-Arabien und den anderen Golfstaaten stärken fundamentalistische Strömungen, erhöhen die Gefahr religiöser Gewalt und mindern die Chancen kultureller Integration'[22] Das ist kein Resümee, das aufhorchen lässt, sondern normale Folge der Religions- und Asylpolitik der gegenwärtigen Regierung in Deutschland. Angesichts der Gesetzeslage können weder Verfassungsschutz noch Gerichte daran etwas ändern. Übrigens ist Saudi-Arabien ein Feind der Alawiten und möchte den Sturz Assads in Syrien lieber heute als morgen.

Der Schiitische Islam

Die Schiiten bilden eine eigene Konfession des Islam mit mehreren Untergruppierungen. Ihre Abgrenzung erfolgte bald nach dem Tod Mohameds, als es einen heftigen Streit um die Nachfolge gab. Die Schiiten sind der Meinung, dass Mohamed bereits zu Lebzeiten den Imam Ali ibn Abi Talid - nachfolgend kurz Ali genannt – zu seinem Nachfolger bestimmt hat. Ali war mit Mohameds Tochter Fatima verheiratet. Gleich dem Propheten habe auch Ali Offenbarungen gehabt und verfüge damit über eine göttliche Legitimierung. Ali wurde tatsächlich zum vierten Kalif 656 in der Großen Moschee in Medina[23] proklamiert, nachdem der Vorgänger Kalif Uthman ermordet war. Die nachfolgenden Kalifen wurden von den Schiiten in ihrer Rechtmäßigkeit unterschiedlich anerkannt. Nur wer zur Schia Ali gehört, daher die Bezeichnung für die Schiiten, gilt als legitimer Muslim.
Alis Grabmoschee befindet sich in der Stadt Nadschaf im Irak, einer der sieben heiligen Städte des schiitischen Islam. Die Al-

---

22 Wagner, Die Macht der Moschee, S.37
23 Die Prophetenmoschee Masjid-al-Nabawi in Medina ist die zweite heiligste Stätte des Islam neben Nr. 1 al-Haram in Mekka

Mustafa-Universität in der heiligen Stadt Ghom im Iran ist das geistliche Zentrum für den schiitischen Anspruch, der ganzen Welt den wahren Glauben schiitischer Prägung zu bringen.

Problematisch ist der iranische Ableger in Deutschland. Von der deutschen Öffentlichkeit weitgehend unbeachtet wurde 2007 das Islamische Zentrum Hamburg, IZH, gegründet. Es wird direkt vom Iran aus gesteuert. Das IZH will die Ausbildung der Imame für Deutschland in die Hand nehmen und für die Qualifizierung der Lehrer sorgen, die an deutschen Schulen den Islam unterrichten sollen. Am IZH werden nicht-iranische Mullahs ausgebildet. Das IZH in Hamburg-Uhlenhorst in feinster Lage der Stadt wird vom Verfassungsschutz beobachtet. Die Finanzierung soll direkt aus dem Iran über das 'Beyt rahbar' erfolgen. „Der aktuelle IZH-Leiter Ayatollah Dr. Reza Ramezani gilt wie sein Vorgänger als Vertreter des Revolutionsführers Khamenei in Europa und ist in der schiitischen Gemeinde als religiöser Repräsentant der Islamischen Republik Iran anerkannt...die Abhängigkeit der schiitischen Moscheen in Deutschland von Teheran ist ebenso groß wie die der DITIB-Gotteshäuser von Ankara."[24]
Es droht eine Konfrontation mit dem türkischen DITIB, der seinerseits die Ausbildung von Lehrern an deutschen Schulen für sich beansprucht.

Zu dem schiitischen Islam gehören weitere Gruppierungen.
- Die *Ismailiten* leben in Pakistan, Afghanistan, Syrien. Ihr geistliches Oberhaupt ist der Aga Khan, der selbst in London lebt, und von dort aus sein Imperium leitet.
- *Aleviten* nennen sich die Schiiten in der Türkei. Zur Beachtung: Der Name darf nicht mit den Alawiten

---

24 Wagner, Die Macht der Moschee ,S.38

verwechselt werden, die unter Assad die führende Oberschicht in Damaskus stellen.

Ein Spezifikum des schiitischen Islam ist der anti-zionistische Kampf. Diesen hatte Ayatollah Khomeini, der Gründer der Islamischen Republik Iran, zum Leitsatz erhoben und sein Nachfolger Ali Khamenei wiederholt ihn bis heute. Der Iran betrachtct das zionistische Regime in Israel als illegitim auf dem heiligen Boden des Islam. Die Eroberung von Jerusalem (arabisch: al Quds) ist das erklärte Ziel.

Zum Abschluss des Fastenmonat Ramadan feiern die Schiiten zu Ehren Jerusalems den al-Quds-Tag. Da hört man Parolen wie 'Tod für Israel' und 'Israel soll von der Landkarte verschwinden' u.ä.

Der Iran verfügt über eigene militärische al-Quds-Brigaden.

Ein deutsches Standbein hat sich der Iran mit der 'Stiftung für Islamische Studien e.V. (SIS)' in Berlin geschaffen. Auf seiner Internetseite liest man zu den Zielen: 'Förderung des Dialogs der Weltreligionen', Vermittlung der Werte des Islams durch Bildungsangebote, Veröffentlichungen, Seminare u.a.

Der Jesuit Tobias Specker spricht von einer 'interreligiösen' Institution, wenn er die Verbreitung der schiitischen Ideen meint. Das ist nicht so harmlos wie es klingt. Ist nicht gerade der Kampf um den 'wahren Islam' das Kernproblem des Religionskrieges? Soll dieser Religionsstreit auf deutschem Boden ausgetragen werden wie einst der 30-jährige Krieg?

Die Ahmadiyya-Bewegung

Bei der Ahmadiyya-Bewegung – der vollständige Name lautet Ahmadiyya Muslim Jamaat" (AMJ) - handelt es sich um einen Reformversuch des Islam, der in Indien entstanden ist. Ihr

Begründer und spirituelles Oberhaupt war Mirza Ghulam Ahmad (1835-1908). Er verstand sich als der verheißene Messias, der im Islam Mahdi genannt wird.
In Europa wurde er durch seine These bekannt, dass Jesus nicht am Kreuz in Jerusalem gestorben sei. Das Martyrium habe Jesus überlebt, sei nach Indien geflohen und dort im Alter von 120 Jahren gestorben. Sein Grab befinde sich in Srinagar.

Diese islamische Glaubensgemeinschaft ist in vielen Ländern aktiv, doch wird sie auch kritisch gesehen. Auf einer 'Konferenz der islamischen Organisationen' 1974 wurde die Ahmadiyya für eine abtrünnige Sekte erklärt. Bezeichnender Weise hat sie ihren Sitz 1984 von Pakistan nach London verlegt - Safety first.
In Deutschland hat die sich selbst als „islamische Reformgemeinde" bezeichnende Organisation ihren Sitz in Frankfurt. Nach eigenen Angabe gibt es 40.000 Mitglieder.
Sie ist in Hessen und Hamburg als Körperschaft des öffentlichen Rechts anerkannt. Damit hat sie den gleichen Status wie die evangelische und die katholische Kirche in Deutschland. Diese staatspolitische Anerkennung in Deutschland gelang deshalb, weil die Ahmadiyya-Glaubensgemeinschaft einen festen Mitgliederbestand hat. Das ist eine Bedingung der deutschen Vorschrift über eine 'Körperschaft des öffentlichen Rechts'.
Zum Mitglied als Ahmadi wird man durch ein Treuegelöbnis.
Außerdem zahlen die Mitglieder einen monatlichen Beitrag. Diese beiden Punkte, Mitgliederbestand und monatliche Beiträge sind dem Islam sonst fremd. Doch diese Kriterien haben zur Anerkennung als Körperschaft des öffentlichen Rechts verholfen. Im Vollzug genießt die Ahmadiyya-Bewegung eine Steuerbefreiung vom deutschen Staat.

Die staatliche Rechtsaufsicht greift nicht in die Religionsgemeinschaften ein, die den Status 'Körperschaft des öffentlichen Rechts' haben. Das galt bisher für die christlichen Kirchen und das Judentum.

Hessen hat der Ahmadiyya-Bewegung als erstes Bundesland 2013 den Status einer 'Körperschaft des öffentlichen Rechts' zugesprochen, d.h. die Religionspflege gilt als eine öffentliche Aufgabe. Eine Ahmadiyya-Gemeinde ist kein privatrechtlich eingetragener Verein. Die Verbreitung dieser islamischen Religionsrichtung (warum diese?) wird im Bundesland Hessen als öffentliche Aufgabe angesehen. Hat die Bevölkerung darüber abgestimmt?
Das Land Hessen verkündete am 17. Dezember 2012, dass die Ahmadiyya Muslim Jamaat für Hessen der Partner für den Islamunterricht an den Schulen ist. STERN online titelt die religionsrechtliche Anerkennung am 18.12.2012 als 'historische Entscheidung'.
Welche späteren Folgen wird es mit sich bringen, wenn sich ein deutsches Bundesland eine problembehaftete Islam-Richtung zum Partner wählt?
Da sind künftige Konflikte mit anderen Islam-Richtungen in Deutschland vorprogrammiert!

Der Gründer Ahmad war ein Missionseiferer. Er war überzeugt, der Islam erobere die ganze Welt. Er beruft sich auf den Koran in Sure 30 Vers 57 der besagt, dass der Aufstieg des Islam in unserer Zeit 'die vollständige Verdrängung des heutigen Christentums herbeiführen wird'.
Und das Unglaubliche: Die beiden christlichen Konfessionen haben nichts dagegen!

Die Interpretation des Islam seitens der Ahmadiyya-Gemeinde wird von anderen Richtungen des Islam nicht akzeptiert. In einige Ländern wird die Ahmadiyya-Bewegung verfolgt.

'Die Welt' titelte am 13.06.2013 'Der Islam gehört nun offiziell zu Deutschland' und führt aus:
„Kürzlich hat Abdullah Uwe Wagishauser, Vorsitzender der Ahmadiyya Gemeinde in Deutschland, von einem Mitarbeiter des hessischen Kultusministeriums eine Urkunde überreicht bekommen. Darin steht, dass die Religionsgemeinschaft 'Ahmadiyya Muslim Jamaat' die Rechte einer Körperschaft des öffentlichen Rechts erhält. Was sich kompliziert anhört, birgt Historisches:
Die erste muslimische Gemeinde in Deutschland ist damit auf Augenhöhe mit den christlichen Kirchen und der Jüdischen Gemeinde. Sie darf eigene Friedhöfe errichten und könnte den Staat beauftragen, ihre Mitgliedsbeiträge einzuziehen. Dafür kämpfen viele muslimische Gemeinden in Deutschland seit Jahren. Nun ist die erste anerkannt – und der Islam gehört ab sofort also auch ganz offiziell zu Deutschland."
„Die hessische Kultusministerin Nicola Beer (FDP) will zur Anerkennung der Ahmadiyya-Gemeinde keine Stellungnahme abgeben. Aus dem Ministerium hört man, das Ganze sei schließlich ein reiner Verwaltungsakt, in dem es keinerlei Ermessensspielraum gegeben habe."

Der Körperschaftsstatus verleiht den Ahmadiyyas nun einige Vorteile. Wenn z. B. künftig in Hessen ein neues Wohngebiet entsteht, muss die jeweilige Gemeinde einen Platz für eine Moschee freihalten, um nur ein Beispiel unter den vielen Rechten zu nennen.
Und auch sonst macht diese Religionsrichtung Furore. Am 04.09.2016 kamen 40.000 Teilnehmer bei einem Treffen der

Ahmadiyya Muslim Jamaat in Rheinstetten bei Karlsruhe zusammen. Nach Angaben der Polizei blieb es dabei friedlich.

Die Aleviten

Zur Beachtung: Die Aleviten sind nicht mit den Alawiten zu verwechseln, s.o. 'Syrischer Islam'.

Etwa 20% der türkischen Bevölkerung gehören der alevitischen Glaubensrichtung an. Bei den in Deutschland lebenden Türken wird der Anteil auf 20% - 30% geschätzt.[25] In die Aleviten-Gemeinschaft wird man hineingeboren. Eine Heirat außerhalb der Gemeinschaft lehnt die Religion ab. Den traditionellen muslimischen Riten stehen sie locker und gelassen gegenüber. Als religiöses Hauptfest feiern sie den Cem im Andenken an die Himmelfahrt Mohameds. Das Fest wird nachts gefeiert, mit alkoholischen Getränken (was sonst häufig im Islam verboten ist), mit Singen und Tanzen und die Frauen zeigen ihr Haar und tragen kein Kopftuch. Das Fest ist ein Stück Heiratsmarkt für diese Religionsgemeinde, in der nur Gleichgesinnte heiraten dürfen.
Die türkischen Sunniten haben ein ambivalentes Verhältnis zu den Aleviten. Diese waren begeisterte Anhänger Atatürks. Bis heute wollen sie kulturelle und religiöse Freiheit, Emanzipation und Liberalität. Dem gegenwärtigen Wiedererwachen des Islam unter Recep Erdogan stehen sie misstrauisch gegenüber. Die Sunniten betrachten die Aleviten als Gefolgsleute des arabischen Islam. Als Flüchtlinge oder Eingebürgerte haben die Aleviten mit den andersartigen kulturellen Verhältnissen in Deutschland die geringsten Probleme.

---

25 Klaus Spenlen, Integration...S.15

Der pakistanische Islam

Der pakistanische Islam hat seine theologische Prägung durch das Nebeneinander in Rivalität oder Kontroverse, aber auch gegenseitiger Durchdringung mit dem Hinduismus erfahren.
Der religiöse Konflikt auf dem indischen Subkontinent hat im Ergebnis zu einer Zwei-Staaten-Lösung geführt: Wer islamisch leben will, kann nach Pakistan ziehen.
In Indien gelten die Regeln des Hinduismus.
In keinem anderen islamischen Land ist der Sufismus, also die islamische Mystik, so stark ausgeprägt wie in Pakistan. Die vermeintlichen Hüter des wahren Islam, die saudi-arabischen Wahhabiten, werfen den Sufis vor, mit ihrem Heiligen- und Gräberkult zur Vielgötterei zurückgekehrt zu sein. Diese hatte Mohamed in Mekka entschieden bekämpft. Die Orthodoxie des Islam geht mit der pakistanischen Variante hart ins Gericht. Die Konkurrenz von Sufismus und Salafismus hat Tradition in Pakistan.
Der Imam Wahhab verwüstete die Gräber der sufischen Heiligen. Heute hat der IS die Aufgabe übernommen mit Bombenattentaten in Pakistan.
Den Einfluss des Sufismus attackiert der türkische Präsident Recep Erdogan an seinem einstigen Weggefährten und heute erbittertem Feind, Fethullah Gülen. Dieser habe den Naqschbandia-Orden des Scheich Nazim (Sufis) bei seinem Staatsstreich in der Türkei eingesetzt.

Der afghanische Islam

Mohameds großes Verdienst für die arabische Halbinsel war die Vereinigung der Familienclans zu einer Nation. Afghanistan verharrt heute noch in einem 'Vor-Mohamed-Zeitalter'. Die Sowjetunion wollte dem Land eine bessere Zukunft nach kommunistischer Art aufoktroyieren. Das ist gescheitert. Nach den Anschlägen des 11. September 2001 in New York wollten die USA das al-Quaida-Nest Bin Ladens liquidieren. Auch die USA sind in Afghanistan gescheitert. Als Nachfolger sollte u.a. die deutsche Bundeswehr das Land zur Demokratie nach westlichem Vorbild führen. Auch Frau von der Leyens Besuche brachten nach Russen und Amerikanern keinen Erfolg, weder militärisch noch politisch, wenngleich die offizielle Politik sich das schön redet. Man muss Afghanistan als das rückständigste islamische Land einstufen. Für Flüchtlinge, die in Europa gelandet sind, besteht ein besonders großer Kulturschock.

Der Islam Indonesiens

Das Ministerium für religiöse Angelegenheiten Indonesiens verlangt im Ausweis des Landes die Angabe einer Religion. Das ist wegen des Eherechts erforderlich. In Indonesien dürfen nur Paare derselben Religion eine Ehe schließen. Für jeden Bürger Indonesiens ist es deshalb verpflichtend, seine Religion zu benennen. Atheismus gibt es nicht. Die Oberschicht des Landes und die Regierungsmitglieder bekennen sich zum islamischen Glauben. Dem schließen sich viele Bewohner an. Eine islamische Ehe, die nicht nach islamischem Recht geschlossen wird, ist nicht gültig.
Religionsstatistiken beziffern den Anteil der Bevölkerung auf 90% islamisch und 10% christlich. Jüdische, buddhistische, hinduistische u.a. Religionen bilden einen verschwindenden Anteil. Doch jeder Tourist erlebt, wie stark buddhistische und hinduistische Anteile neben Zeremonien von Naturreligionen beim Feiern von Festen verbreitet sind. Indonesien ist von der Religionsstruktur als synkretistisch zu bezeichnen. Eine Angabe, nach der Indonesien das Land mit den meisten

Muslimen sei, ist als Religionsaussage mit Vorsicht zu sehen. In der Statistik hat Indonesien mehr Muslime als Pakistan. Das gesellschaftliche Leben unterscheidet sich von Ländern wie Iran, Saudi-Arabien, Türkei, Ägypten u.a. islamischen Staaten grundlegend.

Die in Indonesien geborene Pfarrerin Aguswati Hildebrandt Rambe sagt „Atheismus ist ein Tabu in Indonesien. Man kann sich nicht vorstellen, dass jemand keine Religion hat. In unserem Personalausweis wird die Religionsangabe eingetragen, das heißt, man muss dort eine Religionszugehörigkeit haben. Ohne das geht es einfach nicht."[26] Die Scharia gelte nur in der Provinz Aceh, im übrigen Land nicht.

Luxus-Islam

Den legendären Zauber aus 1001 Nacht gab es nicht nur im 10. Jahrhundert in Bagdad. In der erzählfreudigen arabischen Kultur wurde damals der Reiz des Exotischen niedergeschrieben. Erotische Sinnlichkeit am Königshof von Bagdad gepaart mit grausamer Willkür eines Herrschers hatten Eingang in die Weltliteratur gefunden.

Heute kann der Reisende einen fast märchenhaften Luxus in den Vereinigten Arabischen Emiraten erleben. Während in den meisten muslimischen Ländern Armut herrscht, findet sich hier Luxus pur. Die VAR sind „eines der reichsten Länder der Welt mit einem Pro-Kopf-Bruttoinlandsprodukt von 67.871 Dollar (2017)".[27] Allerdings kommt dieser Wohlstand mit kostenloser Bildung und medizinischer Versorgung nur der angestammten einheimischen Bevölkerung zugute. Der Gesetzgeber unterscheidet genau zwischen dem eigenen Volk und den Fremden.

---

26 https://www.deutschlandfunkkultur.de/pfarrerin-ueber-indonesien-ein-
   ganz-anderes-verstaendnis.1278.de.html?dram:article_id=333600
27 https://de.wikipedia.org/wiki/Vereinigte_Arabische_Emirate#cite_ref-7

Die Emirate sind das Land mit den meisten Flüchtlingen. Von den etwa neun Millionen Einwohnern sind acht Millionen „ausländische Arbeitsmigranten, was einer Ausländerquote von fast 90 % entspricht (Stand 2015)"[28]. Die Gesetze der VAE lassen keine Einbürgerung zu. Selbst Kinder, die im Land geboren werden, erhalten nur dann die Staatsbürgerschaft der VAE, wenn der Vater Staatsangehöriger des Landes ist.

Wer im Fernsehen Berichte über Abu Dhabi oder Dubai sieht, kann über nagelneue Städte im Osten der arabischen Halbinsel staunen. Gebaut haben diese Touristenmagneten die Fremdarbeiter für einen spärlichen Lohn. Karl Marx hat der Welt erläutert, wie das mit Mehrprodukt aus der Arbeitsleistung und sogenannter Ausbeutung geht. Der Scheich Chalifa bin Zayid Al Nahyan, zugleich Premierminister des Emirats Abu Dhabi, ist „mit einem geschätzten Vermögen von 15 Milliarden Dollar 2011 der viertreichste Monarch der Welt."[29] Zu seinem Ruhm trägt das höchste Gebäude der Welt, der Burj Khalifa in Dubai, seinen Namen. Seine Flüchtlingspolitik ist simpel: Wer hierher kommt, muss arbeiten, hart arbeiten. Es gibt keine Geschenke und Streicheleinheiten, keine Versorgung durch ein BAMF wie in Deutschland.

Der Scheich investiert gewaltig in die Infrastruktur des Landes. Ihm käme es nicht in den Sinn, den Reichtum für Flüchtlinge zu verwenden. Im Gegenteil, die sollen ihn erarbeiten. Was mag der arabische Scheich über die Flüchtlings-Politik der deutschen Kanzlerin denken, die alles konträr zu seiner Politik macht? Ist sie für ihn exotisch aus einer fernen Welt einer 1001-Nacht?

Für den Emir und sein Emirat gelten die Menschenrechte des Islam.

---

28 Ebd Wikipedia
29 https://de.wikipedia.org/wiki/Chalifa_bin_Zayid_Al_Nahyan

Der 'Euro-Islam'

Diese Richtung gibt es nicht. Sie ist akademisch, existiert nur auf dem Papier. Sie ist Wunschdenken. Bassam Tibi von der Universität Göttingen hat den Begriff eingeführt.
Er beinhaltet die Forderung, dass die Prinzipien des Islam eine Ehe eingehen sollen mit den Werten der europäischen Kultur. Dazu sollen Staat und Religion getrennt werden. Doch das widerspricht fundamental dem Islam. Islamische Religion ist zugleich staatliche Politik.
Wenn eine Minderheit der Muslime in Europa so liberal ist, dass eine solche Synthese möglich wäre, ist damit dennoch der Euro-Islam noch nicht aus der Taufe gehoben. Die bedeutenden Staaten des Islam werden es sich nicht aus der Hand nehmen lassen, zu bestimmen und zu prägen was Islam ist. Eine Bevormundung aus Europa kann keine islamische Richtung akzeptieren.

Deutscher Islam?

Der Weltatlas zählt 57 Staaten auf, die irgendeine Form des Islam als Staatsgesetz haben. In diesen Ländern gehören mehr als 50% der Bevölkerung irgendeinem islamischen Glauben an.

Vertreter des Islam versuchen vom deutschen Staat in gleicher Weise anerkannt zu werden, wie es die christlichen Kirchen sind. Sie streben einen Staatsvertrag an.
Für die deutsche Kommunalpolitik geht es konkret um die Anerkennung islamischer Gruppen verbunden mit der Anerkennung als 'Körperschaft des öffentlichen Rechts'. Man will das gleiche Privileg haben, wie es die Kirchen in Deutschland genießen.

Die politische Zielrichtung der Grünen fordert einen eigenen

'deutschen Islam' als bestes Mittel zur Integration. Einzelne Islamwissenschaftler wissen die Grünen auf ihrer Seite wie z.B. Cemil Sahinöz. In seinem Buch 'Der deutsche Islam' führt er aus „Wenn ich also vom deutschen Islam spreche, meine ich eher Muslime, die in Deutschland leben, sich mit deutschen Fragen und Problemen beschäftigen...Letztendlich steht im Islam der Gedanke der Umma im Vordergrund.
Nicht die nationale oder ethnische Zugehörigkeit steht im Vordergrund, sondern die muslimische Gemeinschaft an sich, egal aus welchem Kulturkreis auch immer." [30]

Doch das ist Wunschdenken. Die islamische Realität sieht anders aus. Der Streit um den wahren Islam ist der Grund für das Zerwürfnis zwischen Teheran, Bagdad, Istanbul, Damaskus und Riad, um nur die bedeutendsten zu nennen. Der Konflikt ist vorhersehbar, dass eine der verschiedenen Islamrichtungen den 'deutschen Islam' als abtrünnigen Islam einstuft und ihn bekämpft.
Wer sollte im deutschen Islam bestimmen, was die reine Lehre im Sinne Mohameds ist? Die Forderung nach einem deutschen Islam ist schlichtweg Nonsens.
Bei alledem kommt noch hinzu, dass der wahre Islam nur in der arabischen Sprache beheimatet ist.
Eine Übertragung in eine andere Sprache ist nicht zulässig.

Das Geschäft über die wahre Lehre zu wachen, sehen die alten Universitäten Al-Azhar in Kairo, oder in Saudi-Arabien als Hüter der heiligen Stätten, die schiitischen Imame Irans, die Imam-Muhammad-bin-Saud-Islamic-University der Wahhabiten in Riad oder die Alawiten in Damaskus, ja selbst der Islamische Staat, und allen voran mit Blick auf Deutschland ein

---

30 Cemil Sahinöz, Der deutsche Islam S.25

Herr Erdogan als ihre ureigene Sache an. Sie können keine deutsche Besserwisserei in Sachen Islam dulden!

Reicht es nicht so schon, dass der Herrscher am Bosporus die für ihn feindliche Gülen-Bewegung in Deutschland liquidieren will? Sein Geheimdienst spioniert die religiösen Feinde aus. Andere Religionsgruppen sind nicht geduldet. Wer glaubt es anders sehen zu können, hat den Religionskrieg im Orient nicht verstanden, und versteht auch nichts von Religion.

Öffentlich-rechtlicher Religionsstatus für den Islam?

Vertreter des Islam möchten vom deutschen Staat eine Anerkennung als Religion. Sie möchten den christlichen Kirchen gleichgestellt sein. Sie streben einen Staatsvertrag an, sie möchten als 'Körperschaft des öffentlichen Rechts' gelten. Man will das gleiche Privileg, das die Kirchen in Deutschland genießen. Welche Folgen hätte das?
Dadurch würden weitreichende gesellschaftliche Rechte dem islamischen Vertragspartner eingeräumt: Man bliebe finanziell ohne staatliche Aufsicht, man kann im eigenen religiösen Bereich seine eigenen Gesetze formulieren (wie es die Kirchen seit langem machen). Die öffentliche Mitsprache würde bis in die Aufsichtsgremien in Rundfunk und Fernsehen reichen. Man könnte sich Sendezeiten für Islamsendungen in Arabisch im deutschen Fernsehen reservieren. Man bringt islamischen Religionsunterricht in die Schulen. Aber auch bei der Planung eines Neubaugebiets in den Städten würde sich die islamische Gruppierung ein attraktives Plätzchen für den Bau einer Moschee reservieren. Schließlich hat Saudi-Arabien Europa wissen lassen, dass man den Bau von Moscheen finanziell übernimmt. Auch bei der Friedhofsgestaltung könnte der Islam

seine kulturell andersartigen Ansprüche durchsetzen.

Wie weit darf das öffentlichen Leben vom Islam mitgestaltet sein? Die Bundeskanzlerin hatte gesagt, die Flüchtlinge werden unser Land verändern. Aber will die Mehrheit der Deutschen das überhaupt? Verträgt sich eine solche Veränderung mit der gewachsenen deutschen Kultur, um de Maizière's Reizwort von der deutschen Leitkultur zu meiden?
Um sicher zu gehen, wurde der deutsche Wähler nicht gefragt.

Die Lebensregeln, die auf Mohamed aus dem 7. Jahrhundert zurückgehen, sollen im Folgenden skizziert werden. Wie sehen die Lebensgewohnheiten in islamischen Ländern aus?
Im Anschluss muss gefragt werden, wie diese mit dem deutschen Grundgesetz harmonieren können?

Kapitel IV: Islamische Lebensregeln

Im Islam sind Religion und Staat nicht zu trennen. Es gibt keinen kultischen Raum neben dem Staat. Politik ist auf die Gesamtheit des Volkes bezogen und zugleich Vollzug des göttlichen Willens.
Der Islam legt fünf grundsätzliche Pflichten fest, die alle Muslime einzuhalten haben. Man spricht von den fünf Säulen, auf denen das Gebäude des islamischen Glaubens ruht.[31]

---

31 Gute Darstellung https://www.planet-
   wissen.de/kultur/religion/islam/pwiediefuenfsaeulendesislam100.html

Die fünf Säulen des Islam

(1) Schahada   - Glaubensbekenntnis
(2) Salat   - Tägliches Pflichtgebet
(3) Zakad   - Spenden für Bedürftige
(4) Saum   - Fasten im Ramadan
(5) Haddsch   - Pilgerfahrt nach Mekka

Das Wort **„Islam"** bedeutet Unterwerfung.
Ein **„Muslim"** ist derjenige, der sich unterwirft.

1) Die erste Säule ist das Glaubensbekenntnis des Islam: aschhadu al-la ilaha illa-Llah, wa schhadu anna muhammad ar-rasul Allah. (Ich bekenne es gibt keinen Gott außer Allah und Mohamed ist der Prophet Allahs). Der Engel Gabriel hat Mohamed die Schahada gelehrt. Will jemand Muslim werden, muss er dieses Bekenntnis vor zwei Zeugen sprechen. Dann ist er Muslim. Eine Eintragung in ein Mitgliedsregister erfolgt nicht. Der Islam kennt keine ähnliche Struktur wie die Kirchen. Die Glaubensformel Schahada wird auch bei anderen Gelegenheiten abgekürzt verwendet. Der Vater flüstert sie seinem Kind ins Ohr. Dem Sterbenden spricht man die Glaubenssätze noch auf dem Todeslager zu, damit er im Jenseits die richtigen Antworten weiß:
Wer ist Gott? Allah .
Deine Religion? Der Islam.
Wer ist der Prophet? Mohammed.
Mohameds Zeit war eine Zeit des Analphabetismus. Ein so einfaches Glaubensbekenntnis war für jeden verständlich.

2) Eine Religion muss jeden Tag aktiv sein. Der Gläubige muss täglich fünf mal mit Blick auf das Heiligtum in Mekka beten. Mohamed kannte die Gewohnheit der Juden, beim Gebet in Richtung Jerusalem zu schauen. Er ändert für seine Gläubigen

die Himmelsrichtung. Qibla heißt 'in Richtung Mekka'. Die qibla-Wand in einer Moschee ist nach Mekka ausgerichtet, zumeist durch eine halbkreisförmige Nische erkennbar. Zu dieser Gebetsnische, mihrab, soll der Gläubige den Blick richten. Der Aufruf zum Gebet erfolgt durch den Muezzin. Vom Minarett hört man ihn nachhaltig über die Dächer einer Stadt. Im elektronischen Zeitalter erinnert eine App im Handy an den Zeitpunkt für das fällige Gebet.

Zum Gebet gehört eine unterwürfige Körperhaltung, raka, die Verbeugung. Der Betende kniet auf dem Gebetsteppich nieder und zieht die Schuhe aus. Die Stirn und beide Handflächen müssen den Boden berühren. Wenn mehrere Muslime gemeinsam beten, stellt man sich geordnet in Reihen auf. Der Vorbeter, der Imam, steht vor ihnen.

Neben dem täglichen Gebet hat das Freitagsgebet, die dschuma, besondere Bedeutung. Die Gläubigen versammeln sich in einer Moschee. Diese ist ein eher schmuckloser Versammlungsraum, es gibt keine Bilder oder farbige Glasfenster. Der Imam hält von einem Pult aus oder der Kanzel neben der Gebetsnische eine Predigt, khutba. Eine Überwachung der Predigten gibt es in den muslimischen Staaten, damit die reine Lehre gewahrt bleibt. Sicher ist sicher. Man weiß um die Gefahr, dass bei solchen Menschenansammlung aufrührerische Parolen ausgegeben werden könnten.

Besondere Moscheen zeichnen sich durch eine herausragende Architektur mit einem oder mehreren Minaretten aus.

3) Die dritte Säule hat einen zeitgeschichtlichen Hintergrund. Zu Mohameds Zeit sind die Menschen in Arabien bitterarm. Eine gerechtere Verteilung der Nahrung wird zur religiösen Pflicht. Das Gedankengut stammt von Johannes dem Täufer.

Dessen Predigt entstammt der Satz: 'Wer zwei Hemden hat, soll dem eins geben, der keines hat. Und wer etwas zu essen hat, soll es mit anderen teilen'. Es ist ein Gottesgebot, den Armen etwas abzugeben ('Almosen'). In der Bildersprache des Koran gleicht dieses Handeln einem Samenkorn, das sieben Ähren treibt und in jeder Ähre 100 Körner hat.
Der Fiskus erhebt in islamischen Ländern 2,5% des Einkommens. Im Vergleich dazu war der 'Kirchenzehnte', also 10% für den christlichen Staat, schon 4-fach teurer. Der heutige Finanzminister des Christlich-Demokratischen Staates langt viel unverschämter hin.

4) Das Fasten kennt man aus dem jüdisch-christlichen Brauchtum. Der Islam übernimmt es und weitet es zum Fastenmonat Ramadan aus. Im Fasten kann der Muslim die Entbehrungen erfahren, unter denen die Armen ständig leiden. Es beginnt, wenn 'in der Morgendämmerung der weiße Faden vom schwarzen zu unterscheiden ist' und dauert von da an bis zum Einbruch der Nacht. Für viele Moslems ist die Einhaltung des Fastens diejenige Forderung, die sie am gewissenhaftesten erfüllen.
Vom frühen Morgen bis Sonnenuntergang ist es verboten zu essen, zu trinken, zu rauchen oder Geschlechtsverkehr zu haben. Der islamische Kalender richtet sich nach dem Mond. Das hat zur Folge, dass er sich in unserem Sonnenkalender jedes Jahr verschiebt.Wenn der Monat Ramadan vorbei ist, wird das 'Fest des Fastenbrechens' ausgiebig gefeiert. Man macht sich gegenseitig Geschenke, isst und trinkt üppig, leistet aber auch eine zusätzliche Spende an die Armen.
Ein allgemeines Speiseverbot wurde aus dem Judentum übernommen: Schweinefleisch zu essen, ist auch den Moslems untersagt.

5) Es ist das große Ziel im Leben eines Muslims, einmal im Leben nach Mekka zu reisen, der heiligen Stadt des Propheten. In Zeiten der großen Zunahme der Erdbevölkerung, besonders auch in der islamischen Welt, stellt der Hadsch die saudische Regierung vor eine logistische Herausforderung. Das Gedränge bei der Umrundung des 'Schwarzen Steins' fordert alljährlich Todesopfer. Dieses große touristische Ziel des Hadsch eint die Muslime wie eine Familie. Das Land der Herkunft spielt keine Rolle. Alle tragen das gleiche weiße Gewand ohne Saum, es ist kein Unterschied zwischen Mann und Frau, es gibt keine Schranke von Rasse oder Nationalität. Nur die Religion zählt. Nichtmuslime gelten als unrein und dürfen nicht an der Hadsch teilnehmen. Der Hadsch ist eine große Glaubensgemeinschaft.

Kapitel V   Islam und Deutschland

Der ehemalige Bundespräsident Christian Wulff hat den Satz 'Der Islam gehört zu Deutschland' so gebraucht, als sei es eine Feststellung. Auch die Bundeskanzlerin Merkel hat den Satz wiederholt. Es kann sich dabei nicht um ein Faktum handeln, weil es <u>den</u> Islam als einheitliches Gebilde gar nicht gibt, wie aus der Betrachtung der einzelnen Richtungen ersichtlich ist.
Ist der Satz aus hochrangigem Mund ahnungslos, provokativ, situativ zu verstehen? In jedem Fall ist er inhaltsleer, hohl, weil er gar nicht sagt, um welchen Islam es sich dabei handelt. Doch wenn der Satz von einer Regierung zu hören ist, klingt es dahingehend programmatisch, das man sich künftig mehr für islamische Belange einsetzen will. Das bringt die große Gefahr für Deutschland mit sich, in innerislamische, vielleicht sogar kriegerische Auseinandersetzungen hineingezogen zu werden. Man muss die Realität sehen: Warum herrscht Krieg im Nahen Osten?

Die deutsche Öffentlichkeit interessiert sich kaum für Religion. Den deutschen Politikern ist es egal, welche missionarischen Impulse von islamischen Ländern nach Deutschland getragen werden.

Das ist ein gefährliches Wegsehen, bei dem übersehen wird, dass überhaupt erst der Streit um den religiösen Führungsanspruch im Islam zu dem Krieg im Nahen Osten geführt hat. Ohne Einbeziehung des Faktor 'Religion' ist der Nahost-Konflikt nicht zu verstehen.

Deutschland hat in den zurückliegenden Jahrhunderten leidvoll unter Religionskriegen gelitten. So etwas darf sich nicht wiederholen! Rainer Hermann formuliert unter dem Titel 'Endstation islamischer Staat?' den Vergleich zu den Religionskriegen in Deutschland. Er sieht „Parallelen zum Dreißigjährigen Krieg in Europa. Wie damals in Europa vermischen sich heute in der arabischen Welt das Streben nach politischer Macht, die Dominanz von Glaubensfragen und die Bereitschaft zu Gewalt zu einem toxischen Gebräu. Niemand weiß, wann dieser 'Dreißigjährige Krieg', der erst begonnen hat, enden wird. Und er reicht bereits weit in unsere Gesellschaften hinein." Dabei ist vollkommen ungeklärt, warum sich die deutsche Kanzlerin in die innerislamischen Auseinandersetzungen einmischt. Es bleibt ein Rätsel der Geschichte, warum Deutschland den Konflikten des Islam ausgesetzt werden musste?
Erdogan will auch keinen deutschen Islam. Er möchte den türkischen Islam als den einzig wahren in Deutschland umfassend bestimmen und fest im Griff haben. Dafür sind die Grünen-Politiker seine besten Gehilfen, auch wenn sich Herr Özdemir vehement wehrt, mit Erdogan in einem Zug genannt zu werden.

Eine Zwischenbilanz

- Unsere Politiker missachten die Gefahren für Deutschland, die von den verfeindeten islamischen Richtungen ausgehen. Sorglos lassen sie Flüchtlinge ins Land und stocken noch durch Familiennachzug auf. Angesichts der feindlichen Gesinnung der islamischen Richtungen untereinander kann praktisch jeder aus einem islamischen Land den Schutzstatus als politisch-religiös Verfolgter erhalten.
- Die Gesetzgebung in Deutschland ist außerstande, den nicht mehr zeitgemäßen Asyl-Paragrafen an die veränderten Verhältnisse der Gegenwart anzupassen.
- Merkels Asyl-Ideologie ist ebenso anachronistisch wie der muslimische Fanatismus, der in der heutigen Zeit ein Gemeinwesen nach Mohameds Regeln des 7. Jahrhunderts schaffen will.
- Von den innenpolitisch Verantwortlichen wird die Gefahr ignoriert, die von einer ungehemmten Agitation der in Deutschland bestehenden Islameinrichtungen ausgeht. Eine politische Forderung, Deutschland brauche ein Islamgesetz (für welchen der untereinander verfeindeten Islam-Richtungen denn?), kann man nur als realitätsfremd bezeichnen.

Die Haltung der deutschen Kirchen zum Islam
1) Katholische Kirche und Islam

Auf dem II. Vatikanischen Konzil (1962-1965) hat die katholische Kirche ihrer Theologie eine entscheidende Richtungswende verpasst: der islamische Allah wurde als identisch mit dem dreieinigen Gott der Christenheit erklärt.

(„Nostra aetate" und „Lumen gentium"). Ein absolutes Novum. Das war eine Kehrtwende gegenüber all den früheren Jahrhunderten christlicher Kirchengeschichte.

Papst Johannes XXIII. hatte das II. Vatikanische Konzil angeregt und einberufen. Ihm ging es in erster Linie um ein neues theologisches Verständnis in Bezug auf Israel. Er litt unter großer Schuld gegenüber den Juden angesichts der zurückliegenden Gräueltaten. Sein inbrünstiges Gebet lautete: 'Vergib uns die Verfluchung, die wir in deinem Namen über die Juden aussprachen.' Johannes XXIII. schied 1963 aus dem Leben. Sein Nachfolger wurde Johannes Paul II. der bisherige polnische Kardinal Karol Wojtyla.
Einmal auf Versöhnungs-Tour mit anderen Religionen etikettierte das II.Vatikanische Konzil Allah zum gleichen Erschaffer der Welt, wie es im christlichen Bekenntnis der eigene Gott ist. Von dem großen alten Kirchenvater Augustin bis hin zu Luther und der Gegenreformation der Jesuiten wurde das ganz anders gesehen. Man kann von einer theologischen Revolution sprechen, die sich auf diesem Konzil vollzogen hat.
Die Identität von Allah mit dem Gott der Christenheit wurde zur verbindlichen Lehre der katholischen Kirche erklärt.
Papst Johannes Paul II. hat an diesem Konzilsbeschluss stets festgehalten. Als besonders spektakulär hat die Öffentlichkeit eine Rede des Papstes im Sportstadion von Casablanca in Marokko empfunden. Dort waren am 20. August 1985 mehr als 100.000 Menschen muslimischen Glaubens versammelt. Der Papst rief ihnen zu, ich komme als Glaubender zu euch, wir glauben an denselben, den einzigen Gott.
Das II. Vatikanische Konzil hat die Katholische Kirche verändert. Diese Wendung hat Papst Benedikt XVI. besiegelt, indem er seinen Vorgänger Papst Johannes Paul II. am 1. Mai

2011 selig gesprochen hat.

Der Vatikan buhlt um ein gutes Verhältnis zu den islamischen Ländern. Johannes Paul II. hat als erster Papst im Mai 2001 zusammen mit Moslems in der Umayyaden-Moschee in Damaskus gebetet.

Die Deutsche Bischofskonferenz bekennt sich 2003 in ihrer Arbeitshilfe „Christen und Muslime in Deutschland" dazu: „Christentum und Islam stellen zwei verschiedene Zugänge zu demselben Gott dar".

Helmut Zott führt dazu aus: „Im II.Vatikanische Konzil verband sich die Katholische Kirche mit dem Islam und knüpfte am islamischen Allah an, indem sie die Identität von Allah mit dem Gott der Christenheit zur verbindlichen Lehre erklärte, was man nur als Geistesverirrung, Verblendung und Jahrtausend-Irrtum bezeichnen kann...Sie wird durch diesen fundamentalen Irrtum zum Steigbügelhalter für die Machtentfaltung des Islams, und sie wird im Rahmen der Machtergreifung des Islams schließlich an dieser Verbindung selbst und mit ihr das christliche Abendland zu Grunde gehen."[32]

2) Evangelische Kirche und Islam

Der Rat der Evangelischen Kirche hat seine Stellungnahme zum Islam in Form einer 'Handreichung' vorgelegt.[33] Dort wird an Art.4 GG (2) angeknüpft, *„Die Religionsfreiheit als kollektives Grundrecht ist nicht auf die christlichen Kirchen beschränkt, sondern steht allen – und damit auch den unterschiedlichen islamischen Religionsgemeinschaften zu. "*

---

32 Conservo.wordpresscom 23.07.2016

33 Zusammenleben mit Muslimen in Deutschland. Eine Handreichung des Rates der Evangelischen Kirche in Deutschland." 2000 ekd.de/Glauben

„Die islamischen Religionsgemeinschaften haben dieselben Teilhaberechte am öffentlichen Leben wie die christlichen Kirchen'"(S.34)

Sowohl der Islam wie auch die Kirchen beanspruchen, das öffentliche Leben zu prägen. Gibt es da keine Interessen-Konflikte? Seit dem Augsburger Religionsfrieden hat die katholische Kirche in katholischen Ländern das öffentliche Leben geprägt, wie die protestantischen Kirchen in den evangelischen Ländern. Damals gab es eine klare Aufteilung. Wer regelt den Einfluss der verschiedenen Islam-Richtungen auf das öffentliche Leben heute?

Bisher hat die Kirche mit ihren Feiertagen die deutsche Kultur geprägt. Ob das so bleibt?

Findet man zu religiöser Gemeinsamkeit beim Gebet? Die Handreichung stellt ausdrücklich diese Frage: 'Kann es ein gemeinsames Beten geben?'

In der Antwort wird der Rat der EKD allerdings nicht konkret, sondern drückt sich um eine klare Aussage, ob man denn überhaupt zu dem gleichen Gott betet. Nur dann ginge es gemeinsam.

„Gottes Geist [von welchem Gott ist hier die Rede?] ist kein Geist der Beliebigkeit. Er bindet uns an Gottes Wort und schärft das Gewissen. Das Gewissen darf nicht verbogen werden. Es widerstrebt gerade dem Wesen des Gebets, instrumentalisiert und für uns zweckmäßig Erscheinendes missbraucht zu werden. Daher dürfen bestehende Unterschiede nicht überspielt und missachtet werden. Aufrichtigkeit, Sensibilität und Augenmaß sind jedenfalls für alle Beteiligten unabdingbar."(S.28)

Diese Handreichung gibt keine Antwort auf die gestellte Frage nach einer gemeinsamen Gebetspraxis. Nur der Alltag zeigt, ob evangelische Gläubige in die Moscheen zum gemeinsamen Beten gehen. Die extrem niedrigen Zahlen der evangelischen Gottesdienstbesucher deuten daraufhin, dass man lieber gar nicht zum Beten geht.

Das sozialwissenschaftliche Institut der EKD hat am 24.09.2018 eine bundesweite Befragung zur 'Sicht der Bevölkerung' zum Islam in Deutschland veröffentlicht.[34] Darin finden es 51,9% gut, wenn 'Christen und Muslime zusammen beten'.

Die Belastbarkeit einer solchen Statistik spricht für sich, wenn man nach Christen beim Gebet in einer Moschee sucht.

Die Handreichung des Rates der Evangelischen Kirche drückt sich um die Feststellung, dass die Gebetspraxis im Christentum und die im Islam nicht zueinander passen. In diesem Punkt hätte ein klares Nein zu einer gemeinsamen Religionsausübung zu mehr Offenheit und Praxisnähe verholfen.

Die gemachten Ausführungen sind realitätsfremd. Sie atmen den Geist von Anbiederung um jeden Preis.

Der Ratsvorsitzende der EKD Heinrich Bedford-Strohm hat zusammen mit Kardinal Marx am 20.10.2017 die heiligen Stätten in Jerusalem besucht. Beim Betreten der islamischen Al-Aksa-Moschee hat er das Zeichen seines Amtes, das Brustkreuz abgelegt. Der Bischof war nicht als Privatreisender in Jeans und Pulli in Jerusalem, sondern in offizieller Dienstkleidung. Wo zeigt sich besser die Unterwürfigkeit gegenüber dem Islam? Das Ablegen des Kreuzes charakterisiert die Haltung dieses Kirchenoberen. Die Einzigartigkeit des christlichen Gottes stellt er in Frage. Göttliches Einerlei mit dem Islam untergräbt die Substanz des Christentums und die Geschichte ihrer Kirche. Kirche schafft sich ab.

---

34 https://www.ekd.de/ekd_de/ds_doc/Islambefragung-SI-EKD-f%c3%bcr%2024-09-18.pdf

Kirchenfürsten wie Margot Käßmann und Bedford-Strohm reihen sich ein in eine lange Tradition, deren Charakteristikum es ist, stets auf Seiten der Regierenden und Mächtigen zu stehen. Dieses Prinzip galt im Feudalstaat, dann im deutschen Kaiserreich, als 'Deutsche Christen' in der Zeit der Hitler-Diktatur und ebenso als 'Kirche im Sozialismus' in der Zeit der DDR. Nun fügt Bedford-Strohm die evangelische Kirche stromlinienglatt in den heutigen Mainstream ein.

Die Haltung der evangelischen Kirche atmet den Geist liebevoller Umarmung des Islam.
Hans-Peter Raddatz weist auf die einseitige Anpassung hin:
„Solange das neue Glaubensdiktat vom gemeinsamen Gott gilt, kann sich die Konvergenz der beiden Glaubensformen fortsetzen, wobei es sich allerdings um eine Einbahnstraße handelt. Die Konvergenz vollzieht sich unter massiven Veränderungen der Kirche bei gleichbleibendem Islam. Es sind Kirchen, in denen Korane ausgelegt werden, und nicht Moscheen, in denen Bibeln liegen. Es sind Christen, die den Bau von Moscheen in Europa fördern, und nicht Muslime, die den Kirchenbau im Orient unterstützen. Es sind Christen, die in europäischen Moscheen beten und Muslime, die in ihren Ländern Christen töten.“ [35]

Am 24.September 2018 hat sich die EKD mit einem aktuellen Positionspapier[36] zu ihrem Verhältnis zum Islam zu Wort gemeldet hat.
„Die von vielen geteilte Hoffnung, dass der Grundsatz der Gleichbehandlung der Religionen als Ausgangspunkt der vorhandenen Rechtsordnung auch zeitnah vergleichbare Organisationsformen auf muslimischer Seite eröffnen würde, erfüllte sich bisher nicht.

---

35 Hans-Peter Raddatz, Von Allah zum Terror, S.239
36 https://www.ekd.de/ekd_de/ds_doc/Positionspapier_der_EKD_zum_chri
   stlich_islamischen_Dialog.pdf

Verhandlungen zwischen einzelnen Bundesländern und den dort vorhandenen islamischen Religionsgemeinschaften sind zum Teil ins Stocken geraten. Die evangelische Kirche ist besorgt über die in diesem Zusammenhang entstandenen Polarisierungen in Politik und Gesellschaft, aber auch über Formen der Verbindung von Religion und Nation oder von Religion und Ethnie, die sie als nicht hilfreich für das Zusammenleben in einer pluralen Gesellschaft ansieht."

Die evangelische Kirche begreift in ihrer neurotischen Besessenheit zur Umarmung nicht, dass der Islam polarisiert ist und bleibt. Wie oben aufgezeigt, ist die religiöse Zerrissenheit der Grund für die Krise im Nahen Osten. Auf dem Weg einer verantwortungslosen Flüchtlingspolitik der derzeitigen Regierung sind die zerstrittenen islamischen Mächte nach Deutschland gekommen. Die von Gesprächsbereitschaft und grenzenloser Liebe getriebenen Vertreter der evangelischen Kirche treffen auf die unterschiedlichsten islamischen Vertreter. In der Zusammenschau dieser Gespräche kann überhaupt kein einheitliches Positionspapier entstehen. Die Gespräche sind so inhomogen, wie der Islam zerstritten ist. Selbst das Jammern darüber ist vergebens.

„In der Frage, wie sich die vorhandenen islamischen Verbände und Gemeinschaften in gleichheitswahrender Weise im öffentlichen Raum entfalten können, versteht sich die evangelische Kirche als mehr als nur Beobachterin, weil sie sich von ihrer Botschaft her für ein friedliches und gerechtes Zusammenleben einsetzt." „Der evangelischen Kirche ist vor diesem Hintergrund sehr daran gelegen, dass den Musliminnen und Muslimen und ihren Organisationsformen in Deutschland ein freies Wirken und die Teilhabe an den Entfaltungsmöglichkeiten im öffentlichen Raum gewährleistet wird."

Durch diesen pastoralen Nonsens wird nicht klar, wie die evangelische Kirche mit der islamischen Scharia umgehen will.

Können Kinder- oder Mehrfachehen geduldet werden? Gilt die von einem Imam geschlossene Ehe in Deutschland? Wird ein schiitisch oder islamisch geprägter Unterricht an deutschen Schulen gelehrt? Kann das islamische Frauenbild in Deutschland mit all seinen Facetten geduldet werden? Kann ein neutraler Staat die Macht der Moscheen zulassen?

Mit diesen wenigen Fragen sind die vielfältigen, leider drängend gewordenen Probleme für die deutsche Politik angesprochen. Bei der Beantwortung hilft kirchliche Versöhnungsduselei nicht weiter.

„Die evangelische Kirche blickt mit Dankbarkeit auf die Erfahrungen, die seit einigen Jahrzehnten in Deutschland im interreligiösen Dialog mit Musliminnen und Muslimen gemacht werden.“

Außer den Floskeln von Dankbarkeit gibt es keine realen Aussagen und Ergebnisse. Die Blutspur, die islamistische Kriminelle in Deutschland gezogen haben, findet im klerikalen Umarmungseifer keine Erwähnung.

Kapitel VI Grundgesetz und Islam

Das Grundgesetz für die Bundesrepublik Deutschland besagt in Artikel 4

(1) Die Freiheit des Glaubens, des Gewissens und die Freiheit des religiösen und weltanschaulichen Bekenntnisses sind un- verletzlich.

(2)Die ungestörte Religionsausübung wird gewährleistet.

Niemand darf gegen sein Gewissen zum Kriegsdienst mit der Waffe gezwungen werden. Das Nähere regelt ein Bundes- gesetz.

Die Freiheit des Glaubens (1) ist ein individuelles Recht. Jeder kann an einen Gott glauben oder auch an keinen. Das kann man sogar öffentlich bekennen. Die ungestörte Religionsausübung (2) hingegen ist an Bedingungen gebunden.

Der Verfassungsrechtler Karl Albrecht Schachtschneider führt aus: - gekürzt -

„Der Islam ist nicht nur Glaube, sondern für den Gläubigen auch Recht. Das höchste Gesetz ist die in dem Koran und der koranischen Tradition gründende Scharia, die, von Allah für die ganze Menschheit herabgesandt, von Muslimen nicht missachtet werden darf. Jede Politik muss mit diesem Gesetz Gottes übereinstimmen. Darüber wachen alle Muslime, jeder einzeln und alle zusammen, die Umma, vor allem die theologischen Rechtsgelehrten. Das islamische Gemeinwesen ist ein Gottesstaat. Diese Islamisierung wird wegen einer Religionsfreiheit nicht nur von Bund und Ländern hingenommen, sondern von weiten Teilen der Gesellschaft, vor allem von Kirchen, Medien und Parteien, eifrig gefördert; denn Deutschland will als Hort der Menschenrechte der Welt ein Vorbild sein. Eine derart weitgehende Religionsfreiheit gibt es aber weder als Menschenrecht noch als Grundrecht.Die Religionsgrundrechte geben keine politischen Rechte.
Aber Religionen dürfen auf das politische Leben keinen Einfluss gewinnen. Mehr als ihre Duldung, die Toleranz des Staates und der Bürger, können sie nicht beanspruchen. Nicht nur der Staat hat den Religionen gegenüber Neutralität zu wahren, sondern auch die Gläubigen dem Staat gegenüber.
Die Bekenntnisfreiheit ist vielleicht das wichtigste Menschenrecht, aber es gibt keinerlei politische Rechte.
Nur im Rahmen der Gesetze des Staates darf der Gläubige religiös handeln. Der Islam ist mit der freiheitlichen demokratischen Grundordnung unvereinbar. Er verlangt nach dem Gottesstaat. Jede Herrschaft von Menschen über Menschen ist durch Allah befohlen. Demokratie, Gewaltenteilung, Opposition sind dem Islam wesensfremd. Die Menschenrechte stehen in der islamischen Gemeinschaft unter dem Vorbehalt der Scharia.

Wer die islamische Scharia in Deutschland einführen will, unternimmt es, die grundgesetzliche Ordnung zu beseitigen."

Religionsfreiheit ist nur eine Bekenntnisfreiheit, so hat es der Verfassungsrechtler Karl Albrecht Schachtschneider in zahlreichen Veröffentlichungen ausgeführt, besonders in seinem Buch 'Grenzen der Religionsfreiheit am Beispiel des Islam'. Bekenntnis meint, es kann sich jeder völlig frei zu einem Gott bekennen. Dieses Glaubensrecht eröffnet jedoch keine politischen Rechte. Das Religiöse ist privat. Gebote von religiösen Lebensordnungen können nicht das politische Leben bestimmen.

An einem konstruierten, sehr einfachen Beispiel – der Leser möge die Simplifizierung verzeihen - sei der Unterschied zwischen Bekenntnisfreiheit und Religionsausübung demonstriert.
Am Waldesrand lebt ein Eremit als ein Voodoo-Anbeter. Seine Religion fordert von ihm, jeden Tag einen Baum frisch zu schlagen und seinem Voodoogott zu opfern. Das tägliche Brandopfer wird in nicht allzu großer Ferne den Förster auf den Plan rufen, der klare Verhältnisse schafft: An deinen Voodoo kannst du uneingeschränkt glauben, doch die Ausführung deiner Religion untersage ich dir im Interesse der Erhaltung unseres Waldes. Hier gilt unser Recht, nicht die Freiheit der Religion.

Religionsfreiheit bedeutet Bekenntnisfreiheit

Seit dem Westfälischen Frieden bis in die Verfassung der Weimarer Republik hinein galt die Forderung nach Religionsfreiheit dem konfliktreichen Nebeneinander von protestantischer und katholischer Religion. Der verfassungsmäßige Leitgedanke war es, dass die Zugehörigkeit zur katholischen oder evangelischen Kirche keine Rolle im staatlichen Leben spielen darf. Dieser Grundgedanke prägte die Weimarer Verfassung.

In dieser Weise ist der Islam, der auf den Gottesstaat abzielt, nicht mit der freiheitlichen, demokratischen Grundordnung vereinbar. Das Recht auf Religionsfreiheit eröffnet einem Muslim die Möglichkeit zu bekennen, dass Allah der einzige und wahre Gott ist. Doch welche Ausgestaltung dieser Glaube erfährt, ist nur im Rahmen der deutschen Gesetze möglich.

Der Islam kennt keine Trennung zwischen Religion und Politik, zwischen Kult und öffentlichem Leben, zwischen Staat und Kirche. Der Islam in seinen unterschiedlichen Ausprägungen fällt in die lexikalische Kategorie 'Religion'. Die Religionsfreiheit des deutschen Grundgesetzes erlaubt nicht nur die Bekenntnisfreiheit, sondern auch die Freiheit von einer Religion. Man kann jederzeit seine Mitgliedschaft in einer Kirche beenden. Man hat das Recht zum Austritt. Auch das ist Religionsfreiheit.
Dieses Recht jedoch räumt der Islam nicht ein. Muslim oder Muslima ist man durch Geburt. Es gibt keine Möglichkeit, das zu korrigieren. Ein Religionswechsel, also Glaubensabfall, Fachausdruck 'Apostasie' gilt im Islam als religiöses Verbrechen. Wo Scharia gilt, wird Apostasie bestraft, bis hin zum Tod.
In allen islamischen Richtungen ist das Verlassen der Religion nicht vorgesehen, einfach verboten.

Und damit ist ein fundamentaler Konflikt zur verfassungsmäßig garantierten Religionsfreiheit gegeben.
Dieses Recht auf Freiheit vom Islam räumt der Islam seinen Gläubigen nicht ein.
Bezeichnet man den Islam als 'Religion', dann ist das jedenfalls nicht der selbe Begriff von Religion, der dem Begriff des

Grundgesetzes entspricht. Im Islam gibt es keine Religionsfreiheit. Wie absurd es doch ist, wenn islamische Verbände vom deutschen Staat für ihre Interessen Religionsfreiheit einfordern. Mit diesem Anspruch agieren sie für die Islamisierung in Deutschland. Gleichzeitig gewähren sie Muslimen nicht die Religionsfreiheit, wenn diese sich vom Islam abwenden wollen.

Hier liegt eine grundsätzliche und auch grundgesetzliche Hürde für jedwede 'Religionsverträge' zwischen Bundesländern und Islamverbänden. Die bereits vorhandenen können sich nur in einer religiös-rechtlichen Grauzone bewegen. Moscheen haben sich in Deutschland eher klammheimlich entwickelt, indem man Muslimen einen Ort zum Beten konzedierte. Für den Bau eines Gotteshauses wurde eine Genehmigung der lokalen Behörden eingeholt. Allem Anschein nach war das lediglich ein Verwaltungsakt örtlicher Behörden. Die Religion-ignorierende Regierung hat nicht wahrhaben wollen, dass mit jeder Genehmigung zum Bau einer Moschee die Lizenz zur Grundsteinlegung einer Parallelgesellschaft gegeben wird. Unter Berufung auf Religionsfreiheit wurden religiöse Einrichtungen geschaffen, die selbst keine Religionsfreiheit gewähren.

Eine deutsche Regierung hätte Religionsgesetze zur Klärung erlassen müssen, bevor sie die Schleusen zur massenhaften Überquerung unserer Grenzen durch Muslime geöffnet hat. Sie interessiert sich nicht dafür, weil sie Religion als privaten Tatbestand beiseite schiebt.

Die christlichen Kirchen und Religionsgemeinschaften in Deutschland waren in dieser Situation keine Hilfe. Sie betrachteten die Muslime als willkommene Gesprächspartner in religiösen Fragen, wie das z.B. aus dem Munde der früheren

Bischöfin Margot Käßmann zu hören war.
Erst nach und nach wird der deutschen Öffentlichkeit bewusst, dass mit den Moscheen, die überall, scheinbar ungebremst aus dem Boden schießen, sich Zellen für fremde Lebensräume entwickelt haben.

Wer es wagte, so etwas kritisch anzusprechen, wurde vom links-grünen Mainstream der Merkel-Ära in die rechte und nationalistische Ecke geschoben, als Nazi eingestuft, als ausländerfeindlich abgestempelt. Das hat den Weg zu einer ungebremsten Islamisierung Deutschlands bereitet.

Menschenrechte im Islam

Bei der Aufnahme der 'Flüchtlinge' in Deutschland spielt der Verweis auf die Menschenrechte eine große Rolle. Nicht nur die Grünen wissen damit lautstark zu argumentieren. Doch welche Menschenrechte sind für die Flüchtlinge gemäß ihrer Herkunftsländer bindend?
Wenn in der gegenwärtigen Diskussion von Menschenrechten gesprochen wird, denkt jeder an die Menschenrechtserklärung der UNO von 1948. Was man nicht weiß: Die islamischen Staaten haben 1990 in Kairo ihr eigenes Verständnis von Menschenrechten erklärt.

Die 'Kairoer Erklärung der Menschenrechte im Islam' haben 45 Außenminister arabischer Staaten unterzeichnet.
In der 'Kairoer Erklärung der Menschenrechte im Islam' ist die Scharia das oberste Gesetz.

Artikel 2: 'Jeder Staat ist verpflichtet, das Recht auf körperliche Unversehrtheit zu schützen, außer wenn ein von der Scharia vorgeschriebener Grund vorliegt.' Für islamische Strafen wie Peitschenhiebe, Abtrennen von Körperteilen u.a. gilt keine körperliche Unversehrtheit! Diese Hudud[37]-Strafen sind nicht nur erlaubt, sondern vorgeschrieben. Hand-abschlagen z.B. ist ein Menschenrecht! Auf die Einhaltung wird zwar weniger der Verurteilte pochen, vielleicht aber der Kläger.

Nach Artikel 6 und 7 haben Männer und Frauen nicht die gleichen Rechte.

Art. 24 bestimmt: Alle Rechte und Freiheiten, die in dieser Erklärung genannt wurden, unterstehen der islamischen Scharia.

Art. 25 bestimmt: Die islamische Scharia ist die einzig zuständige Quelle für die Auslegung oder Erklärung jedes einzelnen Artikels dieser Erklärung.

Bei einem religiösen Verstoß wird in arabischen Ländern kein Asyl gewährt.

Anders die Menschenrechtscharta der UNO, die vorsieht in andern Ländern Asyl vor Verfolgung suchen zu können.

Ein Dilemma für Menschenrechtsaktivisten.

Wenn deutsche Politiker meinen, Menschenrechte für die Flüchtlinge einzufordern, holen sie die Scharia ins Land.

Auf einem ersten Gipfeltreffen für einen Ausbau der Zusammenarbeit hatten sich die Mitgliedstaaten der EU und der Arabischen Liga am 25.02.2019 im ägyptischen Sharm el-Sheikh getroffen. Das Thema Menschenrechte sorgte für Irritation. Auf der Abschlusspressekonferenz des Gipfels widersprach Ägyptens Präsident Abdel Fattah al-Sisi der deutschen Bundeskanzlerin.

Wir haben unsere eigenen Menschenrechte, eben mit Blick auf die 1990 in Kairo unterzeichnete 'Kairoer Erklärung der

---

37 Auch als Hadd- Strafen bekannt

Menschenrechte im Islam'. Die Tagesschau sprach von einem 'Eklat auf offener Bühne'. Der Generalsekretär der Arabischen Liga, Ahmed Abul Ghait spielte das Thema herunter, nicht einer der Anwesenden habe Unzufriedenheit mit Menschenrechten ausgedrückt.

Kapitel VII   Islam als Hindernis für Integration

Der Begriff 'Integration'

Welche Schwierigkeiten mit Migranten auftreten, haben zuerst und elementar die Lehrer in den allgemeinbildenden Schulen gespürt. „Im Jahre 1995 wurden die allgemeinbildenden und beruflichen Schulen in der Bundesrepublik Deutschland von 1.145 700 ausländischen Schülern besucht. Der Anteil der Ausländer an der Gesamtzahl der Schüler betrug 9,3%. Der weit überwiegende Teil kam aus der Türkei, dem Gebiet des ehemaligen Jugoslawien, Italien, Griechenland, Portugal und Spanien. 74 von 100 Schülern stammten aus diesen Ländern, darunter 42 aus der Türkei."[38]

In welcher Weise sich die bisher Zugereisten an das Leben in Deutschland anpassen wollten, blieb ihnen weitgehend selbst überlassen. Der deutsche Staat ging eher davon aus, dass die Neubürger in Form von zeitweiligen Gastarbeitern irgendwann das Land wieder verlassen werden.
Ab dem 1. Januar 2005 wurde Integration als eine staatliche Aufgabe betrachtet. Zu diesem Zeitpunkt trat das 'Zuwanderungsgesetz' in Kraft trat.

---

38 Christine Langenfeld, Integration und kulturelle Identität zugewanderter Minderheiten: Eine Herausforderung für das deutsche Schulwesen- Einführung in einige grundrechtliche Fragestellungen, S.375

Das bisherige Bundesamt für die Anerkennung ausländischer Flüchtlinge (BAFl) wurde zum 'Bundesamt für Migration und Flüchtlinge' umbenannt - Kurzform BAMF. Das Amt bekam die Aufgabe übertragen, Maßnahmen zur Förderung der Integration in die Wege zu leiten, ohne dass umfassend definiert wurde, was zur Integration unabdingbar ist und was nicht erforderlich ist.

Im Grundsatzprogramm der CSU findet sich eine sehr klar umrissene Definition für Integration.
Es wird gefordert, dass diejenigen, die zu uns kommen, sich anpassen. Zuwanderer müssen nach unseren Regeln leben. "Integration bedeutet auch Loyalität zur deutschen Nation. Wer zu uns kommt, von dem erwarten wir Verbundenheit zu unserem Staat und seinen Institutionen. Gegen Deutschland gerichtete Aktivitäten sind damit unvereinbar. Wir lassen nicht zu, dass ethnische, religiöse oder politische Konflikte fremder Volksgruppen auf unserem Boden ausgetragen werden."[39]

Im rot-grünen Lager finden sich viele Detailforderungen, doch bleibt offen, ob sich SPD, Grüne und Linke auf eine gemeinsame Definition einigen könnten, aus der hervorgeht, was Integration ist und was keine Integration darstellt, sondern Ansiedlung einer Parallelgesellschaft ist.
Eine parteiübergreifende Verständigung ist derzeit unwahrscheinlich.
In allgemeiner Form darf man Integration als eine Bemühung verstehen, mit der die Zugewanderten ihre Lebensorientierung hinsichtlich Berufstätigkeit, Anpassung an die Gepflogenheiten des aufnehmenden Landes und vor allem die Beachtung der

---

39 CSU 2017, Punkte 619-622

geltenden Gesetze vollziehen.

Im Unterschied dazu ist eine bewusste Abgrenzung zu den gesellschaftlichen Gegebenheiten in Deutschland mit dem Begriff 'Parallelgesellschaft' zu bezeichnen. Dabei werden Lebensstil, Sprache, Religion, kulturelle Besonderheiten wie gewohnt weiter gelebt, die Hinzugekommenen haben nur die Geografie, den Lebensort gewechselt. Das Leben in ethnisch-kulturellen Inseln, also Parallelgesellschaften, ist das Gegenteil von gelungener Integration, ist gescheiterte Integration.

'Integration' ist selbst ein unklarer, schillernder Begriff geblieben, über dessen Definition und Verständnis keine Einigkeit zu erzielen ist. Ein Politiker, der darauf setzt, dass die aufgenommenen Flüchtlinge eines Tages unter Deutschen leben und ihrer Arbeit nachgehen ähnlich wie ein aus einem EU-Land stammender Zuwanderer oder ein Nachfahre türkischer Zuwanderer in dritter Generation, wird resigniert registrieren müssen, das bleibt die Ausnahme.

Der Autor fragt unter dem Aspekt der Religion, welche Faktoren einer Integration im Wege stehen. Diese werden im Folgenden beschrieben.

Islam – die wahre Religion

Der Islam versteht sich als die überlegene Religion, wie das in der Koransure 48 (der Sieg),Vers 14 geschrieben steht. Allah gehört die Herrschaft über Himmel und Erde. Und in Vers 28: Allah hat die Religion der Wahrheit gesandt, die Oberhand über alle Religionen hat.
Mit dem Selbstverständnis des Islam, die einzige wahre

Religion zu sein, fühlen sich die Muslime anderen Religionsrichtungen gegenüber überlegen. Diese Haltung ist kein Spezifikum des Islam. Auch das Christentum versteht sich als den einzig wahren Glauben, der all den anderen Religionen überlegen ist. Als die Christen diese Haltung konsequent einnahmen, war der Gedanke der Kreuzzüge gegen den Islam geboren. In der heutigen Zeit ist es eine Minderheit der Zeitgenossen, die christliche Regeln als ihre Lebensgrundlage betrachten. Die Gesellschaft funktioniert im wesentlichen areligiös. Bei Christen findet man ein erstaunliches Maß an Unkenntnis über religiöse Inhalte. Auf einfache Fragen nach dem Leben Jesu bekommt man keine sachgerechten Antworten. Das Desinteresse findet sich als Antwort wie 'das interessiert mich nicht, fragen sie doch einen Pfarrer'. Ein missionarisches Interesse, also das Anliegen des Christentums nicht-christlichen Menschen mitzuteilen, ist heute ausgesprochen gering.
Unsere Gesellschaft funktioniert mit Religion als einer Rand-erscheinung.

Für den Islam hingegen ist die Einteilung der Welt in Gläubige und Ungläubige prägend. Der Koran spricht in der Sure 4, Vers 101 aus 'die Ungläubigen sind ein eindeutiger Feind'. Deshalb fordert er in der gleichen Sure 4, 144 die Gläubigen auf, sich nicht Ungläubige zu Freunden ('Schutzherren') zu nehmen.
Die grundlegende Einteilung in Gläubige und Ungläubige steht für den Islam über dem durch die französische Revolution geschaffenen Grundsatz der Gleichheit aller Menschen. Diesem Erbe der Aufklärung fühlt sich der Islam nicht verpflichtet. Nach seinem Verständnis ist die Gesellschaft ein Neben-einander von Muslimen und Nicht-Muslimen.
Ein Integrationsverständnis als Miteinander, das den gleichen Werten verpflichtet ist, kann es aus Sicht des Islam nicht

geben. „Diesen Eindruck bestätigen viele Integrationshelfer, deren Integrationsträume in den letzten Jahren geplatzt sind", resümiert Joachim Wagner im Fazit seines Buches.[40]

Die Kategorisierung gläubig-ungläubig im Islam bringt eine grundsätzliche Intoleranz gegenüber der deutschen Gesellschaftsordnung mit sich. Mehr noch: Wer den islamischen Glauben ernst nimmt und ein guter Muslim sein will, gerät in der Konsequenz in den Bereich des religiösen Fanatismus. Der heutige Sprachgebrauch nennt das 'Radikalisierung'. So etwas ist in der Glaubenswelt des Islam keine Einzelerscheinung. Für ein unduldsames, kämpferisches Vorgehen gegen die Ungläubigen finden sich Aufrufe im Koran. Die wird ein Imam in der Moschee rezitieren dürfen, weil sie im heiligen Buch stehen.
Nach heutigem Verständnis ist das Hetze gegen Andersgläubige, gegen Fremde. Doch die Forderung der Religionsfreiheit erlaubt es nicht, dagegen vorzugehen. Jeder Imam kann in seiner Ansprache ungehindert derartige Rhetorik benutzen. Das ist 'radikal' [41], weil es zu den Grundlagen des Islam gehört. Es steht im heiligen Buch des Koran. Unduldsamkeit gegen Nicht-Muslime kann sich in der Moschee daher ungehindert artikulieren. Selbst wenn die Lauscher des Verfassungs-Schutzes mithören, wird es unter dem Diktat 'Religionsfreiheit' keine Konsequenzen geben.

„Die Muslime fühlen sich anderen Weltanschauungen gegenüber überlegen. Koran und Scharia untermauern diese Überlegenheit. Da passt es ins Bild, wenn ein islamischer Flüchtling seine deutschen Wohltäter als 'Scheiß Deutsche'

---

40 Die Macht der Moschee, Kapitel Fazit, S.303
41 Von lateinisch radix=Wurzel, radikal geht zu dem Ursprung der Religion

tituliert. Eine Integration verlangt von dem muslimischen Flüchtling, dass er sich der deutschen Leitkultur als Wertekonsens unterordnet. Das bedeutet Absage an die Vorherrschaft des Islam. Muslime müssen verstehen, dass Demokratie eine politische Kultur ist. Die europäische Leitkultur steht in einem diametralen Widerspruch zur Scharia-Leitkultur sowohl des schriftgläubigen Islam als auch des Islamismus. "[42]

Die Moscheen

Allgemein muss man die Moscheen als Rückzugsorte für die Muslime sehen. Hier sind sie unter sich. Hier wird die Sprache ihres Herkunftslandes gesprochen. Hier entziehen sie sich der deutschen Zumutung nach Integration. Hier festigen sie ihre religiöse Identität. In den Moscheen wird ihren Kindern die türkische oder arabische Identität nach den Regeln des Islam vermittelt. In der Moscheegemeinschaft lebt die Kultur und ethnische Lebensweise des Herkunftslandes. Hier werden die traditionellen Feiertage begangen und Hochzeiten gefeiert. Die Moscheen sind die Fluchtorte vor den deutschen Forderungen nach Anpassung an die deutsche Lebensweise. Hier erfahren die Muslime Geborgenheit unter Gleichgesinnten. Hier wird Türkisch, Arabisch oder Farsi, im Fall der Flüchtlinge aus dem Iran, oder Urdu für die Kurden gesprochen. Die Gemeinschaft in den Moscheen bildet eine Parallelgesellschaft. Sie ist als Nebenkultur im Unterschied zu der deutschen Kultur zu bezeichnen. Den Moscheegemeinschaften fehlt es an einer Verbindung zur deutschen Gesellschaft. Hier werden die Probleme der Herkunftsländer behandelt.

Hier hat die Asylpolitik der Merkel-Regierung mit ihrer unkontrollierten Islamisierungswelle unverantwortlich gegenüber

---

42 Bassam Tibi, Europa ohne Identität S.97

der Zukunft unseres Landes gehandelt. **Noch immer bedeutet jede Genehmigung zum Bau oder Betreiben einer Moschee eine Lizenz für eine Parallelgesellschaft!**

Die deutsche Politik bezeichnet die Flüchtlinge als 'Schutzbedürftige'. Ganz anders als von der offiziellen Politik gemeint, finden die Flüchtlinge in der Moscheegemeinschaft Schutz vor den Forderungen der deutschen Gesellschaft. Die politische Forderung nach einer 'Integration' muss von ihnen als Selbstentfremdung empfunden werden. Sie finden ihre religiöse und ethnische Identität in der Moscheegemeinschaft mit den Flüchtlingen ihrer Herkunftsländer. Das deutsche Ansinnen nach Integration bleibt ihnen vollkommen fremd, unverständlich und vor allem unzumutbar, sofern es eine Abkehr von ihrer Religion und ihren Gesetzen verlangt.
Wann verstehen das die 'Gutmenschen' in Deutschland?

Islamische Machtpolitiker wissen die demokratischen Spielregeln der deutschen Gesellschaft für ihre Zwecke zu nutzen. Sie schließen einzelne Moscheevereine zu Moscheeverbänden zusammen.
Der publicity-hungrige Aiman Mazyek sei als typisches Beispiel genannt. Mazyek steht dem 'Zentralrat der Muslime' vor, einer Bezeichnung die Kompetenz und Alleinvertretung vorgibt.
Immerhin sind etwa 300 Moscheen mit geschätzten 20.000 Muslimen darin vertreten. Das klingt nur viel. Angesichts von Millionen Muslimen in Deutschland kann Aiman Mazyek für die Mehrheit der Muslime nicht kompetent sein. Das Selbstverständnis des Zentralrats der Muslime erweckt den Eindruck, dass man die Integration des Islam in die deutsche Staatsordnung will, wie es in der Satzung zu lesen ist.

Doch gleichzeitig fühlt sich der Zentralrat der Wahrung der islamischen Identität verpflichtet. An der 'Islamischen Charta' (2002) des Zentralrats lässt sich ablesen, was damit gemeint ist. Es geht nicht um eine Anpassung an die deutschen Lebensgewohnheiten. Man besteht auf dem Kopftuch als Symbol der eigenen Identität und lässt die Emanzipation der Frau nicht zu. Hier zeigt sich, wie wenig muslimisches Leben an Integration in die deutsche Gesellschaft zulässt.

Die deutsche Politik ignoriert vollständig den Zusammenhang zwischen ungeregelter Zuwanderung und ungezügelter Freiheit der Religion. Tatenlos schaut die Regierung Merkel der Ausbreitung von religiös-ethnischen Parallelgesellschaften zu. Der Personenkreis einer Moscheegemeinde ist fließend. Es gibt keine namentliche Erfassung. Unbekannt ist, wie viele Muslime durch die Asylpraxis der offenen Grenzen illegal zugereist sind.
Selbst wenn sie an der deutschen Grenze nach dem Stammeln des Wortes 'Asyl' ins Land gekommen sind, haben sie sich oftmals einer Registrierung durch eine Asylantragstellung entzogen. Danach leben sie in bereits vorhandenen Familien. Doch gerade der weitere Ausbau der Familien zu Großfamilien bereitet gegenwärtig großen gesellschaftlichen Ärger.
Die örtlichen Behörden haben keine Kenntnis über den Personenkreis im Umfeld einer Moschee.
Der Bewertung von Bassam Tibi kann man nur zustimmen: „Mich besorgt die Existenz von Moscheen in Deutschland, wie beispielsweise in Pforzheim, die den Namen von Fateh (Eroberer) tragen, sich also direkt nach jenem Sultan benennen, der 1453 Konstantinopel erobert hat. Angesichts solcher Fateh-Moscheen lehne ich in Europa jeden Scharia-Kopftuch-Islam

ab."[43]

Politische Tatenlosigkeit in Verbindung mit veralteten Gesetzen prägen das entstandene Dilemma. Frau Merkels stereotypes „Asyl kennt keine Obergrenze" ist der eine Pol, der zu massenhafter Zuwanderung geführt hat. Die Behauptung von Religionsfreiheit erlaubt den Zugewanderten falsche Freiheiten. In beiden Fällen wäre die Gesetzeslage den geänderten Verhältnissen anzupassen. Doch nichts geschieht!

Das Frauenbild im Islam

Die Imame sind die Garanten des islamischen Ehe- und Familienrechts. Sie vollziehen die Scharia, das islamische Recht, das im Widerspruch zu unserem deutschen Grundgesetz steht.

- Der Islam missachtet die gültige Altersfestsetzung für die Heiratsfähigkeit. Die Verheiratung von Mädchen unterhalb der Volljährigkeit ist im Islam durchaus üblich. Unsere Gesetze hingegen verbieten es, eine Frau unter 18 Jahren zu heiraten.

- Der Islam toleriert Zwangsehen. Auf den Willen und die Eigenverantwortlichkeit von Frauen wird keine Rücksicht genommen.

- Der Koran erlaubt einem Muslim, bis zu vier Frauen zu heiraten. Mohamed selbst hatte auch mehrere Ehefrauen.

- Nach dem Recht der Scharia ist eine Scheidung grundsätzlich das alleinige Recht des Ehemanns. Er kann ohne Begründung gegenüber der Frau dreimal die Scheidungsformel 'ich verstoße dich', talaq, aussprechen. Nach dreimonatiger Frist vollzieht er die

---

43 Bassam Tibi, Islamische Zuwanderung und ihre Folgen S.57

Trennung. Einer muslimischen Frau wird nicht das gleiche Recht zuerkannt. Sie kann sich nicht dagegen wehren.

- Im Scheidungsfalle werden Frauen materiell schlechter gestellt.
- Auch im Erbrecht werden Frauen diskriminiert. Eine Frau erbt nur die Hälfte von dem, was ihr männlicher Miterbe bekommt. (Sure 4,11)
- Kommt es zu Familienstreitigkeiten kann sich eine Frau an den Imam oder einen islamischen Schlichter ihrer Moschee wenden. Dort trifft sie auf einen Bewahrer des traditionellen Frauen- und Familienbildes, und der ist frauenfeindlich – wie könnte es anders sein. Eine Schlichtung ist erfahrungsgemäß mit Drohung oder Gewalt verbunden. Das Selbstbestimmungsrecht der Frau wird ignoriert.

In Deutschland gilt etwas anderes. Hier sind Gleichberechtigung und Emanzipation die Grundpfeiler unserer Gesellschaft.

In Sure 2 (die Kuh) Vers 221 fordert der Koran 'heiratet nicht andersgläubige Frauen. Eine gläubige Sklavin ist besser als eine heidnische Frau, auch wenn die euch gefallen sollte. Und lasst Andersgläubige nicht zur Heirat zu. Ein gläubiger Sklave ist besser als ein Heide, auch wenn der euch gefallen sollte.'
Die Mehrheit der Muslime hält sich an diese Heiratsgebote des Propheten.
Wenn eine Muslima einen christlichen Mann heiraten will, muss der vorher zum Islam konvertieren. Die Erziehung der Kinder richtet sich nach der Religion des Mannes.
In der Integrationsforschung gilt die Wahl eines Ehepartners als

Indiz für die Integration von Zuwanderern. Von Eingliederung spricht man, wenn durch Ehen die Schranken der ethnischen Herkunft überwunden werden. Dieser Indikator ist eine hohe Integrationsbarriere. Um diese zu überwinden, muss es in der Kennenlernphase zu intensiven interethnischen Kontakten kommen.
Hier ist die religiöse Anforderung seitens des Islam eine Hürde. Die Mehrheit der Muslime hält sich an die Vorschriften des og. Koranverses, keine andersgläubige Frau zu heiraten.

Die Rollenverteilung im Islam ist klar geregelt. Die Frau hat die Kinder zu erziehen und zu betreuen. Der Mann ist Herr im Haus. Koran Sure 4,34 : 'Die frommen Frauen sind demütig ergeben, hüten das Verborgene, weil Gott es will. Im Fall von Widerspenstigkeit der Frau, fordert der Koran 'ermahnt sie, meidet sie im Ehebett und schlagt sie!' Aufgrund dieses traditionellen Frauenbildes sind muslimische Frauen besonders weit entfernt von der Gleichstellung der Geschlechter in unserer Gesellschaft. Ohne Arbeitsplatz und Kontakte lernen sie zudem kaum die deutsche Sprache. Sie können ihren Kindern in der Schule nicht helfen, usw. „Es ist klar, dass die Scharia hier ein Verhältnis von Mann und Frau in und außerhalb der Ehe beschreibt, das im krassen Widerspruch zu den Werten unseres Grundgesetzes, zum Selbst-bestimmungsrecht der Frau und zur Gleichberechtigung der Geschlechter steht."[44]

Im Aufenthaltsgesetz § 30 (4) heißt es 'Ist ein Ausländer gleichzeitig mit mehreren Ehegatten verheiratet und lebt er gemeinsam mit einem Ehegatten im Bundesgebiet, wird keinem weiteren Ehegatten eine Aufenthaltserlaubnis nach

---

44 Joachim Wagner, Richter ohne Gesetz: Islamische Paralleljustiz S.25

Abs.1 oder Abs.3 erteilt'

Hält sich die Bundesregierung an das Gesetz? Wie viele islamische Zweitfrauen leben in Deutschland? Dazu findet man keine verlässlichen Angaben.
Um die Realität kennenzulernen, hat ein Reporter von Spiegel-TV den Syrer Ahmad A.(32) besucht, der mit Genehmigung des Landkreises Pinneberg seine Zweitfrau aus Syrien nach Deutschland geholt hatte. Diese zweite Frau hatte er als Kind mit 13 Jahren geheiratet.
Das sind nach deutschem Recht gleich zwei Gesetzesverstöße. Anders nach der Scharia, da sind sowohl eine Zweitfrau als auch eine Ehe mit Minderjährigen erlaubt. Mit beiden Frauen hat dieser Ahmad sechs Kinder. Im Interview sprach Ahmad aus, dass er gern noch eine weitere Frau heiraten will. Nach dem Koran sind bis zu vier Frauen erlaubt.

Der Reporter sprach den Konflikt mit dem deutschem Eherecht an. Das war kein Thema für Ahmad. Als gläubiger Muslim halte er sich an die Scharia. Einen Deutschkurs zu besuchen, hatte er verweigert. Arbeiten möchte er nicht, sondern seine Zeit den Kindern widmen. Gefragt wie viel finanzielle Unterstützung er im Monat vom deutschen Staat bekomme, antwortete Ahmad A.:
"Weiß ich nicht. Das Geld wird überwiesen und ich gehe zur Bank und hebe es ab." An Deutschland gefalle ihm, „hier gibt's ja Unterstützung. Sie geben uns Sozialleistungen, sie geben uns dieses Haus." Das Haus stellt die Gemeinde zur Verfügung. Wie mögen Ahmads Dankesworte auf den deutschen Nachbar wirken, der das durch seine Steuern bezahlt?
"Ich bedanke mich sehr, sehr, sehr bei Mama Merkel. Sie ist

die einzige Person, die das Leiden der Syrer gespürt hat. Auch den Deutschen danke ich. Auch wenn es unter ihnen Rassisten gibt."[45] Konnte das Landratsamt Pinneberg anders handeln? Es fehlen gesetzliche Vorgaben, für den Fall, dass die andersartige Rechtsstruktur der Scharia mit unserem Rechtssystem kollidiert. Auf Mehrfach-Ehe, Kinderheirat stehen mehrjährige Gefängnisstrafen in Deutschland auf dem Papier - und im Gesetz. Wen kümmert das bei der Strafverfolgung?

Hier begreift der Leser, so sieht das links-grüne 'weltoffen' in der Realität aus.

Islamische Kleiderordnung

Das Scharia-Recht des Islam stößt in der deutschen Kultur auf Unverständnis und schließt Integration aus. Der Islam schreibt einer Frau vor, wie sie sich in der Öffentlichkeit zu kleiden hat. Im Koran 24,3.31 und 33,59 wird zur Begründung angeführt, die sexuelle Gier des Mannes soll gezügelt werden. Dabei spielt die Verhüllung des Haares für die Muslima die zentrale Rolle. Mit dem Tragen des Kopftuchs demonstrieren die islamischen Frauen ihr Anders-sein gegenüber der westlichen Kultur.

Für die Muslima ist es das religiöse Bekenntnis: Ich unterwerfe mich dem Koran und der Scharia.

Für die deutsche Öffentlichkeit ist es Ausdruck dafür, dass sich die Kopftuchträgerin den Gewohnheiten ihres Gastlandes nicht anpassen will.

So korrelieren der Ausdruck eines andersartigen Glaubens mit dem Verzicht auf Integration.

---

45 http://www.bild.de/.../syrer-spricht-ueber-seine-zwei-frauen-... Ob nach so viel Offenheit in der Berichterstattung jener Reporter noch seinen Job hat?

Am Symbol des Kopftuchs scheiden sich die Geister.
Die deutschen Frauen, besonders die für Emanzipation kämpfenden, sehen im Kopftuch eine die Frauen diskriminierende Rolle des Islam.
Den islamischen Frauen ist der Aspekt der Emanzipation völlig egal. Sie fügen sich mit dem Tragen des Kopftuchs dem von ihnen geforderten Bekenntnis zum islamischen Glauben.

Joachim Wagner fasst es so zusammen:
„Das Kopftuch als religiöses Symbol steht inzwischen im Zentrum der rechtlichen, gesellschaftlichen und politischen Debatte um die kulturelle Integration von Muslimen im öffentlichen Dienst wie in der Wirtschaft. In zahlreichen Gerichtsverfahren ist hartnäckig gestritten worden um Kopftücher von Lehrerinnen und Erzieherinnen in Kindertagesstätten, um die Verhüllung der Haare von Richterinnen, Staatsanwältinnen, Gerichtsreferendarinnen, Schöffen und Rechtsanwältinnen, von Polizistinnen und Angestellten in der freien Wirtschaft...Was die muslimischen Verbände offensiv als Ausdruck der Religionsfreiheit verteidigen, erleben weite Teile der Deutschen als Vordringen einer verstörenden Religion in eine weitestgehend areligiöse Gesellschaft. Was Muslime als Diskriminierung und Ausgrenzung verstehen, begreift die Mehrheit der Herkunftsdeutschen als legitime Wahrung ihres in Jahrzehnten erstrittenen westlichen Wertekanons."[46]

Es geht beim Tragen des Kopftuchs nicht um Mode, sondern um die Demonstration, wir wollen an unserem Glauben und dem islamischen Frauenbild festhalten. Wir wollen keine Integration.

____

46 Joachim Wagner,Die Macht der Moschee S.186/87

Das Kopftuch – ein Symbol des Islam

Als sichtbares Symbol, dass die 'Neubürger' anders sein wollen, sah man viele Frauen in der Öffentlichkeit mit Kopftuch. Es ist zum Symbol der Andersartigkeit geworden. Die Muslimas verstehen sich auch so. Vielerorts wurde dieses Heraushängen der Religion als Zumutung seitens der Nichtreligiösen empfunden. Es kam zu gerichtlichen Entscheidungen, die unterschiedlich ausfielen. Es musste der BGH zum Tragen des Kopftuchs ein höchstrichterliches Urteil fällen.

Der BGH[47] hat am 27.01.2015 entschieden *„Der Schutz des Grundrechts auf Glaubens- und Bekenntnisfreiheit (Art 4 Abs.1 und 2 GG) gewährleistet auch Lehrkräften in der öffentlichen bekenntnis- offenen Gemeinschaftsschule die Freiheit, einem aus religiösen Gründen als verpflichtend verstandenen Bedeckungsgebot zu genügen, wie dies etwa durch das Tragen eines islamischen Kopftuchs der Fall sein kann.“*

Wie kann ein Gericht auch anders entscheiden, als auf der Grundlage der vorhandenen, veralteten Gesetze? Auf diese Weise fordert ein höchstrichterliches Urteil etwas, was keine Akzeptanz in der Öffentlichkeit findet. Volkes Meinung ist mehrheitlich eine andere und die ist dagegen, dass Lehrerinnen mit Kopftuch als religiösem Symbol in allgemeinen Schulen unterrichten.

Mit solcher Rechtsprechung wie der des BGH wird ein Dauerbrenner wie der Kopftuchstreit nicht ausgeräumt. Das Urteil bezieht sich zwar auf die Erlaubnis zum Tragen des Kopftuchs in Schulen, dennoch wird die Öffentlichkeit diesem Urteil ein Stück Allgemeinverbindlichkeit zuordnen.

Für die islamische Glaubensüberzeugung ist es im übrigen

---

47 BVerfGE 138/296

gleichgültig, wie ein deutsches Gericht entscheidet. Eine Muslima folgt der Scharia – auch sie kann nicht anders - und trägt ihr Kopftuch.

Das Gerichtsurteil folgt dem Geist der Grünen, wie er in dem Religionspapier zum Ausdruck kommt: „Zur individuellen Religionsfreiheit gehört das Recht, auch im Schuldienst seinen Glauben sichtbar zu befolgen. Das Befolgen religiöser Kleidungsvorschriften muss möglich sein."[48]

Ein unlösbares Dilemma. Glaube gegen Glaube. Auch für die Politik ist Integration ein Stück Glaube. Glaube, das etwas eintritt, was nicht gelingen kann. Und diejenigen, die sich in die aufnehmende Gesellschaft integrieren sollen, glauben an die Scharia.

„Als Emblem der Parallelgesellschaften dient das islamistische Kopftuch. Der Kopftuch-Islam gehört heute zum äußeren Bild der deutschen Städte gleich ob groß oder klein. Hierzu gehört die Verbindung von Kopftuch, Sozialhilfeempfang und Zugehörigkeit zur underclass. Die Selbstausgrenzung, die symbolisch durch das Emblem des Kopftuchs zum Ausdruck gebracht wird, wird verbunden mit der Bildung von Parallelgesellschaften." [49](S.57)

Noch konfliktreicher wird es beim Tragen der Burka, der Ganzkörperbedeckung. Hier kollidiert die Burka-tragende Muslima mit einem Vermummungsverbot, z.B. wenn sie eine Bank betreten will. Wie soll sich ein Polizist verhalten, wenn er bei einer Verkehrskontrolle eine vollverschleierte Frau hinter

---

48 Abschlussbericht der Kommission »Weltanschauungen, Religionsgemeinschaften und Staat« von Bündnis 90/die Grünen S.13
49 Bassam Tibi, Islamische Zuwanderung und ihre Folgen, S.57

dem Lenkrad antrifft. Wie kann ein Ausweis bei einer Vollverschleierten kontrolliert werden? Wie kann man ausschließen, dass sich hinter vollverschleierten Frauen in Wirklichkeit Männer mit krimineller Absicht verstecken?

In Frankreich ist das Tragen der Burka im öffentlichen Raum generell verboten. Die deutsche Regierung konnte sich im April 2017 lediglich dazu durchringen, dass für Beamtinnen, Soldatinnen und Richterinnen im Dienst Burkaverbot gilt. Doch die Konflikte mit der islamischen Kleidung entzünden sich am Arbeitsplatz, in öffentlichen Verkehrsmitteln, in der Schule und in Universitäten.
Eine Diskussion darüber polarisiert die Gesellschaft.

Im Alltag in Deutschland gelten die Regeln des Rechtsstaats. Die Parallelgesellschaften der Moscheen und ihre Imame halten sich nur eingeschränkt oder gar nicht an die Allgemeingültigkeit von Gesetzen in Deutschland. Sie leben nach den religiösen Gesetzen der Scharia.

Die deutsche Justiz schreitet nicht ein. Sie lässt es zu, dass religiöse 'Schlichter' die Streitigkeiten unter den Flüchtlingen islamischer Prägung regeln, und damit die deutsche Rechtsprechung entlastet wird. Insofern bilden die Moscheen gesellschaftliche Inseln, in denen das Bürgerliche Gesetzbuch und das Grundgesetz der Bundesrepublik Deutschland nicht gelten.

Paralleljustiz

Die Parallelgesellschaften der legal oder illegal eingereisten Muslime führen zwangsläufig zu einer Paralleljustiz. Dem ist die 'Studie von 2015 Mathias Rohe/ Mahmoud Jaraba

Paralleljustiz _Eine Studie im Auftrag des Landes Berlin' nachgegangen. Hier einige Auszüge.
*Grundsatz: „Auszugehen ist vom Schutzauftrag der staatlichen
Rechtsordnung: Wo der Staat zwingende Rechtsvorschriften
erlässt, muss die private Handlungs- und Gestaltungsfreiheit
enden. "*

„Islamisch-religiöse Eheschließungen finden teils zusätzlich
zur deutschen Zivilehe statt, in manchen muslimischen
Communities zu erheblichen Teilen aber auch ohne parallele
Zivilehe. In salafistisch orientierten Moscheen wird nach
übereinstimmenden Berichten keine Rücksicht auf die deutsche
Rechtslage genommen.(S.22) Nach geltendem deutschen Recht
können solche „Ehen" nicht verboten werden; sie sind rechtlich
schlicht nicht existent.
In salafistischen Milieus wird die deutsche Rechtsordnung
generell als „menschengemachtes Recht" abgelehnt; anerkannt
wird nur die als Gott-gegeben angesehene islamische Ordnung.

In Berlin arbeitet die Polizei mit islamischen Schlichtern
zusammen.
„Imame werden als glaubwürdige und aktive Vermittler
gesehen, welchen zugetraut wird, Verhaltensweisen positiv zu
beeinflussen, unterschiedliche Standpunkte zweier Streit-
parteien mit-einander zu harmonisieren und zur Herstellung
des inneren Friedens beitragen zu können."(S.97)
„Nach einer Fülle von Aussagen von Interviewten geschieht
dies häufig nicht nur deshalb, weil die Menschen sich dort
besonders gut verstanden fühlen. Vielmehr ist ein weit
verbreitetes Misstrauen insbesondere gegenüber Jugendämtern,
aber auch Polizei und Justiz zu beobachten."(S.99)
Unter religiöser Vermittlung versteht man in der Studie den

Verhandlungsprozess, den islamische Akteure (seien es Moscheevereine, islamische Zentren oder unabhängige Personen) durchführen, die ihre Legitimation und ihre Handlungsmotivation aus der islamischen Religion und ihren Werten ableiten, sowie ihre Maßnahmen zur Beilegung alltäglicher, die Muslime betreffenden Konflikte auf der Basis religiöser Texte durchführen.

In dieser Studie finden sich Angaben über die Zahl der Moscheen in Berlin:

In Berlin gibt es schätzungsweise 90 Moscheen, 65 Gebetsräume und Gebetshäuser religiöser Gemeinschaften, von denen die Mehrheit den türkischen Communities zuzurechnen sind. Ein Vertreter der Türkisch- Islamischen Union der Anstalt für Religion (DİTİB) in Berlin beziffert diese auf ca. 57. Davon befinden sich 13 in der Trägerschaft von DİTİB, 14 von Milli Görüş und ca. 30 von Sufi-Bruderschaften. Die Zahl der arabischen Moscheen ist geringer, sie sind jedoch zum Teil sehr aktiv. Unter den etwa 15 Moscheen unter arabischer Führung sind das „Dar Assalam", das „Islamische Kultur- und Erziehungszentrum Berlin" und die „Al-Nur-Moschee" in Neukölln, das Interkulturelle Zentrum für Dialog & Bildung und die Risala- Moschee in Wedding, die Teiba-Moschee in Spandau, die Zeytuna- Moschee in Charlottenburg sowie die Chalil Al-Rahman-Moschee in Tempelhof-Schöneberg im sozialen Bereich besonders aktiv. Weiterhin gibt es gemischte Moscheen und 10 schiitische Moscheen.(S.102)

Die standesamtliche Ehe wird von vielen Muslims nicht anerkannt.

„Der vehemente Einsatz gegen die standesamtliche und für die islamische Ehe rührt auch daher, dass nur in diesem Fall die nach dem traditionellen islamischen Recht mögliche Vielehe (ein Mann kann bis zu vier Frauen gleichzeitig ehelichen) auch in Deutschland vollzogen werden kann." (S.119)

Als Gründe gegen eine Eheschließung auf dem Standesamt werden von Muslimen genannt:

- religiöse Eheschließungen werden nicht dokumentiert, es gibt kein Register dafür
- Personenstandespapiere sind seitens der Flüchtlinge meistens schwer zu beschaffen
- Männer scheuen die Kosten einer möglichen späteren Trennung
- Frauen bekommen im deutschen Recht im Falle einer Scheidung zu viel Geld, die deutschen Scheidungsgesetze bevorteilen die Frau gegenüber dem Mann
- Die islamische Heirat ermöglicht die Umgehung des gesetzlichen Verbots der Mehrehe in Deutschland
- im Herkunftsland wird ein deutscher staatlicher Akt nicht als Ehe anerkannt.

„Die Scheidung ohne Zustimmung des Ehepartners (Verstoßung, sogenannter Talaq) ist nach traditionellem islamischem Recht prinzipiell alleiniges Recht des Ehemannes."
„Die Scheidung nach deutschem Recht wird abgelehnt und nicht anerkannt, da sie ihrer Meinung nach einigen Grundlagen des islamischen Talaq widerspricht. Die meisten Gelehrten, so meint ein Imam, würden die Scheidung nur dann anerkennen, wenn sie ein muslimischer Richter durchführe."(135)
Eine Scheidung durch deutsche Gerichte entspricht nicht der Scharia.
Am Vorhandensein einer Paralleljustiz lässt sich erkennen, wie

weit der Ausbau islamischer Parallelgesellschaften in Deutschland schon vorangeschritten ist. Den deutschen Justizminister hat das bisher offensichtlich wenig interessiert. Dabei stellen die muslimischen Friedensrichter den Rechtsstaat in seinen Grundfesten in Frage.

„Streitschlicher sind in der Regel Familienälteste oder Clan-Chefs. Ihr Einfluss hängt vom Alter, Rang, Wohlstand und der Macht ihrer Familie oder Sippe ab. Als Familienoberhäupter haben viele Friedensstifter ihre Schlichtungserfahrung aus der Türkei oder dem Libanon an die Spree oder an die Weser mitgebracht...Wo sich große Gruppen muslimischer Einwanderer in Deutschland niedergelassen haben, gehören Streitschlichter weiter zu ihrer Kultur."[50]

Doch diese Art von Streitschlichtung untergräbt den deutschen Rechtsstaat. Denn auch Zeugen wagen es nicht mehr vor staatlichen Stellen gegen Clanmitglieder auszusagen. Arabische Großfamilien nehmen die deutschen Justizbehörden längst nicht mehr ernst. Von der organisierten Kriminalität gehen Bedrohung und Einschüchterung von Polizisten, Anwälten und Richtern aus.

Joachim Wagner fordert, es müssen kriminelle Clans bekämpft und die islamische Paralleljustiz zurückgedrängt werden. Doch Innen- und Justizminister haben bisher kein Konzept dafür.

Man betritt ein politisches und ideologisches Minenfeld, wenn man den Zusammenhang zwischen Migration und Kriminalität anspricht. Der Migrationshintergrund darf in der Kriminalitätsstatistik nicht erfasst werden, um den Rechten keine Argumente zu liefern. Damit untergräbt die Regierung ihre Glaubwürdigkeit.

---

50 Joachim Wagner, Richter ohne Gesetz, S. 27/28

Islamunterricht an Schulen

Der Flüchtlingszustrom ab dem Jahr 2015 mit geschätzten 1,5 Millionen Muslimen hat besondere Problemen in den Schulen bereitet. Lehrkräfte lassen sich nicht einfach auf den Befehl 'wir schaffen das' aus dem Boden stampfen. Die allgemeine Schulpflicht gilt für alle in Deutschland befindlichen Kinder. Für die neu gekommenen, ausländischen Kinder müssen die Lehrer die Sprache des Herkunftslandes beherrschen, um den Kindern die deutsche Sprache zu vermitteln.

Die Zahl der Kinder mit muslimischen Hintergrund ist bis heute unbekannt. Angaben zur Religion dürfen nicht erfasst werden. In linker Ideologie ist der Erfassung der Religion diffamierend oder rassistisch. Egal wie oft man es wiederholt, die Muslime sind keine Rasse. Also kann auch nicht rassistisch sein, wenn etwas gegen den Zustrom von Muslimen gesagt wird.

Über die Zahl der neu hinzugekommenen Kinder finden sich nur sehr sporadische Zahlenangaben, wie z.B. in der 'Welt' am 27.02.2019.

„Es ist nicht einmal klar, wie viele muslimische Schüler es deutschlandweit gibt. Selbst das Bundesamt für Statistik räumte auf WELT-Anfrage ein, da wisse es nicht weiter. Immerhin: Für NRW hat das Schulministerium im laufenden Schuljahr gut 414.000 gezählt." Bei dem hohen Flüchtlingsanteil in NRW gibt es Schulklassen, in denen die muslimischen Kinder die Mehrheit stellen.

Mit muslimischen Kindern gibt es Probleme beim gemeinsamen Sport- und Schwimmunterricht von Jungen und Mädchen. Es bedurfte erst eines Gerichtsurteils, dass in den Grundschulklassen Kinder aus religiösen Gründen nicht vom Sportunterricht befreit werden dürfen. Anders sieht es ab dem

Pubertätsalter der Schüler aus. Wenn Muslime dann einen Gewissenskonflikt angeben, weil ihre Tochter gemäß islamischem Glaubens nicht an einem gemischtgeschlechtlichen Schwimmen teilnehmen darf, findet sich kein Gericht, dass der Kultur unseres Landes den Vorrang gegenüber den islamischen Gebräuchen einräumt.

Als kuriose Unterwürfigkeit sei das Handeln eines Gymnasiums in Herne genannt, wo für 400 € Burkinis gekauft wurden, damit Muslimas am gemeinsamen Schwimmunterricht teilnehmen können.[51] Solche Islamisierung unserer Schulen torpediert alle Integrationsbemühungen.

Der schulische Konflikt ist auch an muslimischen Feiertagen gegeben, wenn z.B. 70% der Schüler in Zuwanderungsvierteln nicht zur Schule kommen. Hier prallen 'Religionsfreiheit' und Schulpflicht aufeinander. Der Konfliktfall tritt generell an muslimischen Festtagen ein. Für islamische Schüler addiert sich dann der Unterrichtsausfall zusätzlich zu dem Ausfall an Tagen nach dem deutschen Festtageskalender.

Vollkommen unvereinbar ist die islamische Forderung nach Einrichtung von islamischen Gebetsräumen mit unserem kulturellen Verständnis von Schulen als Ort der Wissensvermittlung. Hier ist für Kult kein Platz.
Schulen müssen als Stätten des Lernens definiert sein.

Schule und Bildung sind nach dem Grundgesetz Ländersache.
Da kann es zu unterschiedlichen Regelungen in den einzelnen Bundesländern kommen. Dessen ungeachtet wäre die Bundesregierung in der Lage, über eine geänderte Religionsgesetzgebung der Islamisierung an Schulen Einhalt zu

---

51 WELT,
   https://www.welt.de/regionales/NRW/article189399185/Bildungspolitik-
   Wie-Muslime-die-Schulen-veraendern.html

gebieten. Ohne eine solche bundeseinheitliche Regelung muss jedes Bundesland sein Verhältnis zum Islam nach Gutdünken regeln. Die Islamverbände fordern einen Staatsvertrag, um an den Schulen Islam-Unterricht erteilen zu können. Doch welche der Islam-Varianten ist der richtige Vertragspartner?

„Für den Sprecher des Koordinationsrats der Muslime, Erol Pürlü, war die Unterzeichnung des Staatsvertrags über den Islam in Bremen ein 'Tag der Freude'. In der Hansestadt wurden Mitte Januar drei Moscheeverbände offiziell als Religionsgemeinschaften anerkannt. Damit wird deutlich gesagt, dass der Islam zu Deutschland gehört", so Pürlü. „Bremen ist bereits das dritte Bundesland, das islamischen Organisationen diesen Status zuerkennt. Im vergangenen November hatte Hamburg einen ähnlichen Staatsvertrag geschlossen. Hessen sprach im Dezember zwei Islam-Verbänden einen eigenen Religionsunterricht zu und erkannte sie als Religionsgemeinschaften an...
Besonders wichtig ist den Islam-Verbänden der Religions-unterricht. Die Staatsverträge in Hamburg und Bremen sind an diesem Punkt jedoch nicht richtungweisend. In Bremen ist Religion kein ordentliches Unterrichtsfach. Im Hamburg gibt es einen gemischt konfessionellen Religionsunterricht. Muslime setzen deshalb auf die Entwicklung in Hessen, wo mehr als 10 Prozent der Muslime in Deutschland leben. Dort dürfen der DITIB-Landesverband Hessen und eine weitere Organisation nun jeweils einen bekenntnisorientierten Reli-gionsunterricht einführen."[52]
Eine solche Pressemeldung klingt im ersten Moment harmlos.

---

52   https://www.dw.com/de/anerkennung-des-islam-geht-voran/a-16545686 vom 28.01.2013

Bedenkt man jedoch den bestehenden innerislamischen Konflikt, dann wird klar, dass damit der Hass der verfeindeten Islamrichtungen nach Deutschland importiert wird.

Im Jahr 2019 ist die Euphorie der Kämpfer für den Islamunterricht verflogen. Es kam, wie es kommen musste, wenn man die islamische Spaltung nicht wahrhaben will. Und so klingt eine Pressemeldung am 07.02.2019:
„Im Jahr 2013 hat Hessen bei der Einführung des islamischen Religionsunterrichts den türkischen Moscheeverband als Verbündeten ausgewählt. Der damalige Integrationsminister Jörg-Uwe Hahn (FDP) sprach von einem 'verlässlichen Partner'. Sechs Jahre später sieht die Lage ganz anders aus. Der Landtag in Wiesbaden wird heftig darüber streiten, ob das Land seine Kooperation mit Ditib wegen dessen zu großer Nähe zum türkischen Staat endgültig aufkündigt. Die Entscheidung darüber will Kultusminister Alexander Lorz (CDU) 'in den nächsten Wochen' fällen, wie ein Sprecher des Kultusministeriums in Wiesbaden sagt. Die Zeit drängt, denn seit fast zwei Jahren hängt nun die Zukunft des islamischen Religionsunterrichts in Hessen in der Luft."[53]

Grundsätzlich gibt es den Islam nicht als einheitliche Religion, deshalb kann es auch keinen islamischen Ansprechpartner geben, der für den bekenntnisorientierten Unterricht vorhanden ist. Die Forderung der Grünen, in Deutschland den Islam einzuführen, ist pure Gleichheits-Ideologie gepaart mit Unkenntnis. Den Islam gibt es weder als organisatorische Einheit, noch als einheitliche Religion, sondern etwa als eine Menschenrechts-Charta, die 1990 von 45 islamischen Staat in

---

53 https://www.faz.net/zukunft-des-islamischen-religionsunterricht-in-hessen-ungewiss-16028926.html 07.02.2019

Kairo unterschrieben wurde. Diese jedoch kann nicht im Ernst von den Grünen akzeptiert werden.(s.o.S.81)

In Hessen wird der Vorschlag diskutiert, den Unterricht als 'neutrale' Vermittlung zu erteilen. „Diese Religionskunde müsse dann aber auch den katholischen und evangelischen Unterricht ablösen. Ein Vorteil dabei sei, dass alle Kinder zusammen etwas über die großen Weltreligionen lernen könnten und sich niemand durch eine Abmeldung ausschließen könne.“[54]
Dieser Vorschlag wird einen heftigen Sturm klerikalen Widerstandes in den beiden christlichen Konfessionen auslösen, weil es kirchliche Privilegien kappt. Doch waren es die Kirchen, die die Wegweisung der Kanzlerin 'die Flüchtlinge werden unser Land verändern' ideologisch besonders lautstark unterstützt haben. Da wird es noch lange Gesichter bei den Bischöfen und Kirchenführern geben, wenn sie die Folgen ihres Mitläufertums präsentiert bekommen.
Der Druck der Flüchtlingsverbände wird so groß sein, dass es beim Religionsunterricht nicht mehr so bleiben kann wie es bisher ist. Eben: 'die Flüchtlinge werden unser Land verändern'. Das Schulfach 'Religion' wird seine Orientierung daraufhin ausrichten müssen, dem Wissen über die Weltreligionen - ähnlich einem anderen Wissensfach – Gestalt zu verleihen. Ein sogenannter 'bekenntnisorientierter' Unterricht wird der Vergangenheit angehören und von der Schule weg zu den Trägern der Religionsgemeinschaften verlagert werden. Das ist nicht Neues.

Das war sozialistischer Alltag in der DDR. Der einstige Religionsunterricht war als 'Christenlehre' ins Pfarrhaus

---

54 Ebd.

verbannt worden. Die im Sozialismus groß gewordene Angela Merkel wird dieses Erbteil nun auch in anderen Bundesländern hinterlassen.

Durch die eingetretene Islamisierung Deutschlands bleibt für den Religionsunterricht an den Schulen keine andere Wahl. Der Islamunterricht an Schulen erweist sich als gordischer Knoten. Geben die einzelnen Länderregierungen dem Druck der Islamverbände nach, dann droht ein unvorhersehbarer Konflikt. Deutschland wird in die ungelösten innerislamischen Konflikte einbezogen.

So kann beispielsweise vom IZH Hamburg ausgehend (s.o.S.24) der schiitische Islam des Iran die Religionsvermittlung dominieren. Der islamische Erzfeind des Wahhabismus mit seinem Zentrum in Bremen (s.o.) verfolgt ebenfalls die Dominanz in Deutschland. Sollte es im Nahen Osten zu kriegerischen Auseinandersetzungen zwischen Saudi-Arabien und dem Iran kommen, ist nicht auszuschließen, dass die radikalisierten Bremer Muslime gegen die fanatischen Schia-Anhänger in Hamburg zu Racheakten ausrücken werden. Salafisten warten in ihren Hochburgen darauf, mit gezücktem Dolch für den wahren Islam zu kämpfen. Und da haben die islamischen Gegner unterschiedliche Vorstellungen.

Anstatt den Einfluss der Religion auf unser Gesellschaftswesen zu minimieren, übt der Islamunterricht eine viel zu starke Prägung auf diejenigen Schüler aus, die später einmal staatstragend Verantwortung übernehmen sollen. Im Interesse einer friedlichen Zukunft Deutschlands muss die Forderung lauten: Kein Islamunterricht an deutschen Schulen! Der Islam ist in seinen Varianten feindlich zerstritten und der Nahe Osten latentes Kriegsgebiet.

Das ist absurd: Während die Bundesregierung militärische Hilfe in den islamischen Kriegsgebieten leistet, misst sie der Gefahr, die von den gleichen verfeindeten Religionsparteien im eigenen Land ausgeht, keinerlei Bedeutung zu.

Fazit: Es gehört selbstverständlich zur Religionsfreiheit, dass Eltern ihren Kindern vermitteln können, was sie für die wahre Religion halten. Eine Forderung nach muslimischen Religionsunterricht an allgemeinbildenden deutschen Schulen lässt sich daraus nicht ableiten. Es kann nicht zur Aufgabe des areligiösen deutschen Staates gemacht werden, islamischen Religionsunterricht zu erteilen. Das würde im Vollzug auch daran scheitern, dass es kein einheitliches islamisches Religionsverständnis gibt.
Wenn muslimische Eltern ein anderes Verständnis von Schulunterricht haben, steht es ihnen frei, in ein Land mit dem für sie passenden Religionsverständnis überzusiedeln.

Islamische Bestattungsgepflogenheiten

Die Regeln des Islam fordern eine Beisetzung des Verstorbenen innerhalb von 24 Stunden. Das deutsche Bestattungsgesetz erlaubt eine Bestattung frühestens 48 Stunden nach dem Todesfall. Ein unlösbarer Konfliktfall.
Der Islam schreibt eine Beerdigung ohne Sarg vor. Der Tote wird in ein einfaches, weißes Leinentuch gewickelt. Es ist der gleiche Stoff, der auch zur Wallfahrt in Mekka getragen wird. Der Tote muss mit Blickrichtung gen Mekka bestattet werden. Bevor das Grab mit Erde zugeschaufelt wird, werden Holzbretter als symbolisches Dach über den Toten gelegt. Eine Feuerbestattung ist nach den Regeln des Koran nicht vorgesehen.

Die Friedhofsordnungen in Deutschland schreiben sogenannte Liegezeiten für Dauer und Pflege des Grabes vor. Nach Ablauf wird die Grabstelle eingeebnet. Das kollidiert mit dem Gesetz des Islam, das eine Erhaltung der Grabstelle in alle Ewigkeit vorsieht.

Man stelle sich vor, in einigen Jahrzehnten würde eine Autobahn dort geplant, wo sich heute das Grab eines großen islamischen Clan-Chefs befindet. Kommen die Planierraupen trotzdem, oder würde die Projektierung gestoppt? Die Antwort: Je nachdem, ob der Islam zu diesem Zeitpunkt Deutschland bereits vereinnahmt hat und das Sagen hat.

Islamische Festtage in Deutschland

Die islamischen Festtage leiten sich aus dem Leben Mohameds ab. Ähnlich wie im Christentum die Zeit von vierzig Tagen vor Ostern als Fastenzeit gilt, kennt der Islam den Ramadan als Fastenmonat. Er wird von den Gläubigen streng eingehalten. Von Sonnenaufgang bis -untergang sind Essen, Trinken, geschlechtliche Aktivitäten untersagt. Und am Ende des Fastenmonats wird das *'Fest des Fastenbrechen'* drei Tage lang gefeiert. Daneben ist das *'Opferfest'* das höchste islamische Fest. Es wird zum Höhepunkt des Haddsch gefeiert, der weltberühmten Wallfahrt nach Mekka. Der Name 'Opferfest' erinnert an Ibrahim/Abraham, der bereit war seinen Sohn Ismael/Isaak zu opfern.[55]

Auf weitere islamische Feste, die auch unterschiedlich gefeiert werden, soll hier nicht eingegangen werden.

Die islamischen Feiertage verändern ihre Termine, ähnlich wie Ostern und Pfingsten im christlichen Kalender. Alle Festtage im islamischen Kalender folgen dem Mondkalender. Das bringt

---

55 Im Koran steht die Geschichte in der Sure 37,99–113. In der Bibel steht
   die Erzählung im ersten Buch Mose Kap.22

eine jährliche Veränderung gegenüber unserem Sonnenkalender um etwa elf Tage mit sich. Als weitere Schwierigkeit kommt hinzu, dass die Kalender bei den Sunniten, Sufiten und Schiiten nicht übereinstimmt.
Einheitlich ist hingegen jeweils der Freitag als der 'Tag der Zusammenkunft' für das Freitags-Gebet.

Die islamischen Verbände fordern seit langem von der deutschen Politik die Schaffung eines gesetzlichen muslimischen Feiertags. Das würde zu einer Verbesserung von Integration führen. Das Gegenteil ist richtig. De facto würde die Schaffung eines islamischen Feiertags die Islamisierung Deutschlands verfestigen.

Insgesamt wird die Personalplanung in der Industrie und im öffentlichen Leben durch die anders gelagerten islamischen Feiertage erschwert.

Halal – haram

Das arabisches Wort 'halal' bedeutet 'erlaubt'. Wie auch im Judentum kennt der Islam besondere Reinheitsvorschriften. Wenn etwas erlaubt ist, gibt es auch das Gegenteil. Verboten heißt im Islam 'haram'. Das bezieht sich in erster Linie auf die Art der Speisen, speziell auf die Art des Schlachtens von Speisetieren. Beim sogenannten 'Schächten' handelt es sich um eine Schlachtung ohne Betäubung und vollständigem Ausbluten des Tieres. Nach archaischer Vorstellung ist das Blut der Sitz des Lebens. Bei den strengen Islamregeln muss sogar die Schlachtanlage nach Mekka ausgerichtet sein. Nach deutscher Rechtslage ist das Schlachten ohne Betäubung des Schlachttieres grundsätzlich verboten. Jedoch kann eine Sondergenehmigung aus religiösen Gründen erteilt werden. Ein Muslim darf nur Fleisch verzehren, das halal ist. Dabei ist

Schweinefleisch generell verboten.

Haram beschreibt alles, was gemäß der Scharia verboten ist. Wer etwas tut, was als haram definiert ist, der begeht eine Sünde. Haram ist weiterhin auch lokal zu verstehen. Ein heiliger Bezirk ist haram und damit der Zutritt für Nicht-Muslime verboten. Die Charakterisierung nach 'erlaubt-nicht erlaubt' gilt z.B. auch für Kosmetika und Körperpflegemittel. Nur was halal ist, darf verwendet werden.

Der Vollzug der islamischen Reinheitsvorschriften stellt eine gewaltige Veränderung im Alltag und den Lebensgewohnheiten dar, sowie im Verständnis des christlichen Abendlandes, eines Ausdrucks, der nach Ansage des Vorsitzenden der Deutschen Bischofskonferenz Kardinal Reinhard Marx als ausgrenzend nicht mehr gebraucht werden darf.[56]

Umar-Pakt und Kopfsteuer

Im Jahr 635 eroberte das islamische Heer des Kalifen Umar I. die Stadt Damaskus. Die christliche Johannes-Kathedrale mit dem Schrein Johannes des Täufers wurde zur Umayyadenmoschee umgebaut. Der Umgang mit den unterworfenen Christen wurde im Umar-Pakt geregelt.
Der Umar-Pakt hat die Form eines Briefes. Die Besiegten (Dhimmis) bitten den islamischen Herrscher um Schutz. Und diesen gewährt dann der Herrscher auch großzügig. Es ist nicht der Kalif, der Gehorsam einfordert. Nein, von den Untertanen wird erwartet, dass sie ihre Unterwürfigkeit zeigen. Nur mit solcher Verhaltensweise bekommen sie Schutz und Duldung.

---

56 https://www.kath.net/news/66535 , 12. Januar 2019

Dieser Pakt aus dem Jahr 637 ist im Kern bis heute gültig und zur Richtschnur für den Umgang mit Andersgläubigen in islamischen Ländern geworden.

Im **Umar-Pakt** verpflichten sich die Christen

- *Wir werden unsere Religion nicht öffentlich bezeugen und niemanden zu ihr bekehren.*
- *Wir werden niemanden von uns daran hindern, zum Islam überzutreten, so er es möchte.*
- *Wir werden Muslimen Respekt erweisen, und wir werden uns von unseren Stühlen erheben, wann immer sie wünschen, darauf zu sitzen.*
- *Wir werden keine Kreuze auf unseren Kirchen zeigen oder Kreuze und unsere heiligen Bücher in den Straßen der Muslims oder auf ihren Märkten.*
- *Wir werden unsere Predigten nicht laut halten, wenn ein Muslim anwesend ist.*
- *Wir werden nicht versuchen, Muslimen zu ähneln, indem wir uns ihrer Kleidung anpassen, etwa der Kappe, dem Kopftuch, den Schuhen oder der Haartracht.*
- *Als Zeichen werden wir uns den Gürtel (Zunar) umbinden.*
- *Wer absichtlich seine Hand gegen einen Muslim erhebt, verliert den Schutz dieses Paktes.*

Die Schutzsteuer *Dschizya* wird aus dem Text in Koran Sure 9, Vers 29 hergeleitet. Da heißt es:

Kämpft gegen diejenigen, die nicht an Gott und den jüngsten Tag glauben und nicht verbieten, was Gott und sein Gesandter verboten haben, und nicht der wahren Religion angehören – die die Schrift [=Koran] erhalten haben – (kämpft gegen sie), bis sie kleinlaut aus

der Hand Tribut entrichten.
Diese Steuer darf den männlichen Dhimmis, den Ungläubigen auferlegt werden, die als Untertane der Moslems arbeiten. Sie müssen in Demut Geldzahlungen an die islamischen Herrscher leisten. Dafür wird ihnen das Recht eingeräumt, den christlichen Glauben behalten zu dürfen. Wer als Ungläubiger freiwillig zum Militär geht, bleibt von der Schutzsteuer frei. Um sich des Steuerdrucks zu entledigen, traten im Lauf der Zeit auch wohlhabende Christen zum Islam über.

Taqiyya – die Verstellung

Die Offenheit der Muslime wird nicht nur durch die Bekleidung eingeschränkt. Der Muslim passt aus religiös-kulturellen Gründen sein Wahrheitsverständnis der jeweiligen Situation an. Das arabische Wort Taqiyya bedeutet nicht nur 'Vorsicht', sondern auch 'Verstellung'. Taqiyya findet sich im Koran in der Sure 3:28. Man geht davon aus, dass bei Schiiten das Verstellen obligatorisch ist. Sie verleugnen ihre religiöse Identität. Besonders bei schiitischen Gruppen gilt das Prinzip, den eigenen Glauben zu verheimlichen. Goldziher[57] beschreibt als Unterschied, dass Taqiyya im schiitischen Islam eine Pflicht darstellt, während es im Sunnitentum als Ruchsa, als Konzession für die Schwächeren gelte.

Mit dem Wissen um die Taqiyya sollte man Vorsicht bei allen Befragungen unter muslimischen Flüchtlingen walten lassen. In der arabischen Welt ist die Form einer Meinungsumfrage weitgehend unbekannt. Der muslimische Flüchtling geht vorsichtshalber in Taqiya-Schutzstellung. Welche Antwort schadet mir, welche nützt mir? Kriege ich dann mehr Geld?

---

57 Goldziher: *Das Prinzip der Taqiyya im Islam.* 1906 zit. Nach Wikipedia
   zu Stichwort Takijja

Diese grundsätzliche Verfälschungstendenz macht Befragungen unter muslimischen Flüchtlingen höchst unsicher. Der europäische Untersucher benutzt die Erhebung von Daten auf dem Weg über Befragung bzw. Fragebögen, wie er das gelernt hat. Das Instrument gilt in der soziometrischen Forschung als zuverlässig. Die Instrumente sind gründlich erprobt und ausreichend validiert. Allerdings betreffen die gesammelten Erfahrung den Umgang mit deutschsprachigen Probanden.

Bei der Befragung von Flüchtlingen muss man mit einem großen beabsichtigten oder nicht beabsichtigten Verfälschungsrisiko rechnen. Wie gut hat der Befragte – zumeist mit Hilfe eines Übersetzers – die Frage überhaupt verstanden? Welchen Nutzen an einer Teilnahme verspricht sich der Befragte? Was wollen die denn wissen, und welche Antwort ist für mich günstig? Zudem finden sich im Internet vorformulierte Antworten, die bei deutschen Behörden erfolgreich sind und solche, die keinesfalls gesagt werden dürfen.
Bei der Durchführung von Befragungen können hinzugefügte Erklärungen leicht das Ergebnis in eine bestimmte Richtung verfälschen. Die intellektuelle und kulturelle Prägung einer Flüchtlingspopulation kann in einer anderen, gleich starken Flüchtlingsgruppe möglicher Weise ganz andere Zahlen erbringen.

Die Ergebnisse solcher Befragungen stehen unter dem Verdacht, dass der Untersucher das belegen will, wovon er vor der Befragung von Muslimen überzeugt war, oder was sich gut in den Mainstream einfügt.
Neutralität und Objektivität dieser Untersuchungen sind mit

großer Vorsicht zu sehen.

Der Orientale unterscheidet sich von einem Mitteleuropäer wesentlich, wenn es um das soziologische Instrument einer Befragung geht.

Kapitel VIII   Hemmnisse für Integration

Das Asylverständnis der gegenwärtigen Regierung

Das von den Vätern des Grundgesetzes gemeinte Asylrecht war ein individuelles und spezielles Recht für einen Einzelnen vor politischer Verfolgung in einem anderen Land. Der Gedanke resultierte aus der Zeit der Nazidiktatur. Ebenso basierte auf der deutschen Geschichte die Forderung nach Religionsfreiheit. Sie bezog sich auf das jeweilige Vorrangstreben von Katholizismus und Protestantismus. Inwieweit andere Religionen dieses Recht auf sich beziehen könnten, war schlichtweg nicht im Blickfeld des damaligen Gesetzgebers. Das konnte es nicht sein, weil der Einzug des Islam in jener Zeit noch nicht vorhersehbar war. In beiden Fällen hat es der deutsche Gesetzgeber versäumt, die Gesetzeslage den geänderten Bedingungen anzupassen.

Das ist im Fall des Islam deshalb besonders erforderlich, weil die Religion den Anspruch beinhaltet, das gesamte gesellschaftliche Leben religiös zu gestalten. Es gibt keine Trennung zwischen Staat und Religion. Über das Hintertürchen der 'Religionsfreiheit' im deutschen Grundgesetz beansprucht die Moschee das gesamte Leben ihrer Religionsmitglieder zu regeln. In erster Linie gilt die Scharia, staatliche Gesetze erst in zweiter Reihe. Rechtsstreitigkeiten unter Mitgliedern der Moscheegemeinschaft werden in eigener Regie nach Scharia-Regeln entschieden.

„Imame sind in erster Linie dafür verantwortlich, dass bei uns islamisches Ehe- und Familienrecht – der Kern der Scharia – angewandt wird. Es steht in weiten Teilen im Widerspruch zu unserem Grundgesetz. Die krassesten Abweichungen sind die Missachtung des Heiratsfähigkeitsalters bei Kinderehen, das Wiederaufkommen von Vielehen, die Duldung von Zwangsehen, die Diskriminierung der Frauen bei der Scheidung und die Schlichtung bei Familienstreitigkeiten zulasten von Frauen. Bei der islamischen Familien-gerichtsbarkeit wird versucht, Scheidungswünsche, Streitig-keiten um das Sorgerecht, Konflikte bei häuslicher Gewalt, Zwangsehen, Flucht von Töchtern in Frauenhäuser nach der Scharia zu regeln und deutsche Familiengerichte möglichst nicht zu beteiligen."[58]

Den Einrichtungen der deutschen Justiz kommt diese Art Paralleljustiz gerade recht, denn sie sind auch ohne islamische Streitigkeiten überlastet. So können Imame ein 14-jähriges Mädchen mitten in Deutschland trauen, obwohl das nach deutschem Recht verboten ist. Die staatliche Justiz bleibt dabei außen vor. Minderjährige Frauen werden auch gegen ihren Willen zwangsverheiratet. Durch die Praxis der Moschee-Ehen wird das deutsche BGB mit seinem Verbot der Vielehe ausgehebelt. Der Islam jedoch erlaubt die Mehrfachehe im Koran Sure 4,3: 'Nehmt euch als Frauen, was euch gut erscheint, zwei, drei oder vier'.

---

58 Joachim Wagner, Die Macht der Moschee, S.170f.

Das Paradoxe: Der deutsche Sozialstaat finanziert diese in Deutschland verbotene Vielehe mit Ehegattenzuschlag und Kindergeld – und verstößt damit gegen geltendes Recht. Doch das stört weder die Regierung, noch das Parlament, noch das Verfassungsgericht – allenfalls den deutschen Steuerzahler in der Nachbarschaft - und.....der wird trotzdem diese Regierung wieder wählen.

Fehler der Asylgestaltung

Die Liste wird lang sein, was man nachträglich dieser Regierung ins Sündenregister schreiben muss, und das je nach Parteizugehörigkeit unterschiedlich. Der Föderalismus der Bundesrepublik weist für die Flüchtlingspolitik einen besonderen Nachteil auf. Das Offenhalten der deutschen Grenzen mit dem Einlass von Menschen ist Sache des Bundes. Nach der Verteilung der Flüchtlinge auf die Länder wird die Abschiebung und Ausweisung jedoch zur Sache der Bundesländer.

Wenn man diese Kompetenzverteilung auf eine niedere, alltägliche Situation überträgt, wird ein absurder Aspekt deutlich. Reinlassen und Ausweisen entwickeln eine Eigendynamik. Am Beispiel einer Diskothek sieht das so aus, dass ein stattlicher Bodyguard vor der Tür die Besucher herein winkt. Kommt es jedoch im Veranstaltungsraum zu Gewalt und Übergriffen, wird der Wachmann vor der Eingangstür nicht tätig. Er verweist lächelnd auf den Barkeeper, Bandleader oder Besitzer der Lokalität, der für den Rausschmiss verantwortlich ist. Nicht anders ist es bei den Zuständigkeiten von Bund und Ländern in der Flüchtlingsbehandlung.
Das Mausefallenprinzip: rein geht immer, raus wird schwierig. Was für den Normalbürger einer normalen Logik entspricht,

Reinlassen und Abschieben gehören in eine Hand, erscheint bei Regierungsbehörden unmöglich. Kompetenzgerangel.

Ein absurder Umgang mit Menschen. Bei dem Gerangel von Politikern um die Grenze des Machbaren, für die Belastbarkeit einer Gesellschaft, liegen staatliches Handeln und Ideologie im Widerstreit.

Die vier Formen für Asylstatus

In Deutschland erhalten Flüchtlinge nach Antragstellung einen unterschiedlichen Status für Asyl.

- Form 1: Das deutsche Grundgesetz erlaubt im Artikel 16 a Asyl für politisch Verfolgte. Der Absatz 2 des Art. 16 a GG schränkt ein, dass dieses nicht gilt, wenn ein Antragsteller aus einem Land der EU oder einem Drittstaat einreist, in dem die Genfer Flüchtlingskonvention gilt. In dieser Asyl-Gruppe finden sich die Flüchtlinge, die per Flugzeug einreisen und nach der Landung - seltsamer Zufall! - keine Papiere mehr haben.

- Form 2: Asyl wird unter Berufung auf die Genfer Flüchtlingskonvention beantragt, die Deutschland ratifiziert hat. Hier wird Asyl erteilt, weil der Flüchtling „Furcht vor Verfolgung wegen seiner Rasse, Religion, Nationalität, politischen Über- zeugung oder Zugehörigkeit zu einer bestimmten sozialen Gruppe" gemäß § 3 AsylG geltend macht.

- Form 3: Wird Asyl nicht nach Form 1 oder 2 gewährt, ist der Flüchtling im Status als 'subsidiär

Schutzberechtigter' anzuerkennen. Diesen Schutz bekommen Flüchtlinge gemäß § 4 AsylG , wenn sie drohende Folter, die Todesstrafe oder eine ernsthafte individuelle Bedrohung des Lebens angeben.

– Form 4: Diese Form des Asyl als 'Status der Duldung' ist mit einer Aufenthaltsgenehmigung verbunden, die in der Regel nach 6 Jahren zu einem Bleiberecht wird.

Hinzu kommt noch ein Schutzstatus gem. § 55 AsylG, das eine Aufenthaltserlaubnis für die Dauer des Verfahrens einräumt.

Einfach strukturierte Menschen aus Asien oder Afrika - häufig ohne Schulbildung - stehen dem beachtlichen Asyl-Schöpfungswerk deutscher Bürokratie selbst nach Übersetzung und Erklärung hilflos gegenüber. So wird verständlich, wenn sie unter Umgehung jedweden Aufenthaltsstatus mit Hilfe von Landsleuten einfach in Deutschland untertauchen.

Trotz aller Differenzierung in Asylklassifikationen werden bei der finanziellen Belohnung alle wieder gleich nach dem Asylbewerber-Leistungsgesetz durch das Sozialamt mit Geld versorgt. Für die meisten war das der Grund für den Weg nach Deutschland.
Die finanzielle Stellung der Flüchtlinge in Deutschland ist im Vergleich zu anderen süd- und osteuropäischen Staaten zu hoch.[59] Wenn Frau Merkel auch immer betont hat, die Flüchtlingsfrage lässt sich nur europäisch lösen, hat sie es nie erreicht oder versucht, diesen Niveauunterschied abzubauen.

---

59 Im Asylbewerberleistungsgesetz oder in vielen Leitfäden der
   Flüchtlingsvereine im Internet ist die Höhe der Zahlungen nachzulesen

Die Geldzahlungen an die Flüchtlinge sind an sich schon ein Hemmnis zur Integration. Eine Umstellung von einem Geschenkstatus zu einem Arbeiten-müssen-Status für den Lebensunterhalt wird einem Asylanten nicht leicht fallen. Etwas Ähnliches gilt allgemein im Leben. Doch wer solches im Zusammenhang mit Flüchtlingen äußert, landet sofort in der rechten Ecke als 'ausländerfeindlich'. Zu angemessenen Änderungen wird es unter der derzeitigen Regierung nicht kommen.

Ehemalige Flüchtlinge, die seit dem Jahr 2016 den Sprung in ein steuerpflichtiges Arbeitsverhältnis geschafft haben, dürften die Minderheit bilden. Belastbares Zahlenmaterial ist in der Öffentlichkeit nicht bekannt, in den Statistiken des BAMF nicht zu finden.

Das Bundesagentur für Arbeit veröffentlicht in seiner Statistik die Zahlen der Arbeitslosen im erwerbsfähigen Alter. Im Dezember 2018 gibt es 591.000 Leistungsbezieher von Personen als „erwerbsfähige Leistungsberechtigte im Kontext von Fluchtmigration".[60] Die Nürnberger Behörde fügt hinzu, dass der tatsächliche Anteil höher liegen kann, da die Angabe 'Migrationshintergrund' freiwillig ist. Die Geldleistung an anerkannte Flüchtlinge muss in der gleichen Höhe erfolgen, wie an Arbeitnehmer, die jahrelang Beiträge in die Sozialsysteme geleistet haben. Das ergibt sich juristisch aus dem Gleichbehandlungsgrundsatz der Genfer Flüchtlingskonvention Artikel 23. Die Zahlen lassen erahnen, welche schwierige zukünftige Aufgabe die links-grüne Flüchtlingsideologie der deutschen Gesellschaft aufgebürdet hat. Aus vielfachen Gründen gelingt keine Integration. Keine Schulbildung,

---

60 https://www.welt.de/politik/deutschland/article191082027/BA-Statistik-
46-Prozent-der-Arbeitslosen-haben-Migrationshintergrund.html

fehlende Qualifikation und vor allem ein islamisch geprägtes Gesellschaftsverständnis sind bei den Asylanten Hindernisse. Dieses Gemisch muss angesichts der viel zu hohen Zahlen unweigerlich zur Bildung von Parallelgesellschaften führen. Die bringen aber ihrerseits neue Probleme mit sich, wie oben skizziert. Eine Lösung existiert höchstens als Illusion in den Köpfen von Politikern. Gelungen ist eine Islamisierung, gescheitert ist eine Integration. Wahrlich eine schwere Bürde für die Zukunft.

Als letztes sei noch ein kurzer Blick auf das Medienverhalten der Flüchtlinge geworfen. Sie lesen kaum deutsche Bücher, deutsche Zeitschriften und Zeitungen, sie schalten wenig deutsche Fernsehsender ein. Nein, sie konsumieren türkische und arabische Sender. Der Sender Al Jazeera steht hoch im Kurs. Die heutige Medienwelt ist so aufgestellt, dass die Sender der Herkunftsländer dank Internet überall empfangen werden können. Das hält die Fremdheit gegenüber der deutschen Umwelt aufrecht. Das Medienverhalten der Flüchtlinge lässt die Hoffnung schwinden, dass sie mit der deutschen Sprache vertraut werden. Doch ohne Beherrschung der deutsche Sprache gelingt keine Integration in Deutschland.

Kapitel IX Schluss: Gescheiterte Integration

Insgesamt ist die Aufnahme von Flüchtlingen in Deutschland nicht durch die Kapazitäten für Unterbringung und Arbeit und andere Sacherwägungen geleitet, sondern ideologisch geprägt. Eine die Religion-außer-acht-lassende, links-grüne Ideologie, deren Leitfigur Frau Merkel ist, hat die in Deutschland entstandenen Probleme zu verantworten, deren Charakteristikum es ist, Integration vorzugeben und Islamisierung erreicht zu haben.

Von einer Integration der Flüchtlinge ist in anderer Weise zu sprechen, als es die Kanzlerin mit ihrem 'wir schaffen das' dem Volk vorgegaukelt hat. Es ist eine Integration in die vorhandenen oder neu entstandenen islamischen Strukturen in Deutschland geworden. Ignoranz der Regierenden gegenüber Religion und ihre Untätigkeit in der Gesetzgebung hat klammheimlich zu einem Ausbau islamischer Moscheen und Einrichtungen geführt. Die Islamisierung Deutschlands ist schleichend unter Wegsehen der Regierung und mit Billigung der Kirchen vonstatten gegangen. Das wird sich fortsetzen, wenn es nicht zu einem Kurswechsel kommt. Der Vorsitzende des CDU/CSU-Bundestagsfraktion Brinkhaus hat die Möglichkeit in den Raum gestellt, dass ein Muslim Bundeskanzler in Deutschland werden könnte.[61] Dann gilt die Scharia des Umar-Paktes (s.o.S. 49)

Thilo Sarrazin formuliert seine Forderung an die Muslime wie folgt: „Für ein harmonisches Miteinander mit 'Ungläubigen' müssen Muslime grundsätzlich dem Gedanken entsagen, dass ihr Glaube sie vor Ungläubigen auszeichnet, dass er sie zu besseren Menschen macht. Sie müssen den Anspruch aufgeben,

---

61 https://www.merkur.de/politik/brinkhaus-und-idee-vom-muslimischen-kanzler-ist-unfassbar-dumm-11833989.html

dass der Islam überall dort herrschen soll, wo Muslime die Mehrheit haben.
Sie müssen von der Vorstellung Abschied nehmen, dass sie dort besondere Rechte haben, wo sie (noch) in der Minderheit sind. Sie müssen akzeptieren, dass das Religiöse privat und keine öffentliche Angelegenheit ist. Dazu gehört auch der Verzicht darauf, sich kollektiv durch die Bedeckung und Verschleierung der Frauen optisch sich von der Mehrheitsgesellschaft abzuheben.'"[62]

Eben diese Prägungen sind fest im Islam verankert und deshalb lassen sich so geprägte Menschen nicht in ein westliches Gesellschaftssystem integrieren.

Wie sich gezeigt hat, sind die Unterschiede zwischen der gewachsenen deutschen Kultur und den islamisch-religiösen Lebensgewohnheiten der Flüchtlinge gewaltig. Gleichberechtigung von Mann und Frau, Ehe- und Familienverständnis, Anerkennung einer demokratischen Grundordnung, Relativierung von Religion und Leben in einem anderen Wertesystem und vieles andere mehr machen deutlich, dass eine Integration von Muslimen die Illusion der deutschen Regierung ist. Unser Rechtssystem und die Scharia sind nicht kompatibel. Die Scharia kennt weder Geschlechtergleichheit noch Glaubensfreiheit. Siyadat, der islamische Anspruch auf Überlegenheit passt nicht zur Gleichheit aller Religionen. Im Sinn der europäischen Aufklärung ist Toleranz nicht das, was Muslime darunter verstehen, nämlich eine Duldung von Christen und Juden als Dhimmi, d.h. als untergeordnete Gläubige. Das Ziel der Islamisten ist die Errichtung eines Scharia-Staates. Ein solcher ist nicht mit Demokratie vereinbar.

---

62 Thilo Sarrazin, Feindliche Übernahme S. 411

Allein die Erörterung wird von der links-grünen Ideologie als Islamophobie niedergeschrien.

So ist statt Integration ist eine verstärkte Islamisierung unseres Landes eingetreten – wie der Titel dieses Buches lautet.

Forderung an die deutsche Politik

Was für Deutschland erforderlich ist, um eine weitere Islamisierung zu beenden:

→ Sofortiger Stop des Zuzugs aus islamischen Ländern

→ Kein Familiennachzug zum Ausbau der Großfamilien

→ Kündigung der Genfer Flüchtlingskonvention

→ Gleichberechtigung von Mann und Frau,

→ Verbot von Zwangsheirat, Ehrenmorden, Vollverschleierung von Frauen

→ Verbot der Scharia, des islamischen Staatsrechts

→ Wer die übergeordnete Geltung des Grundgesetzes nicht anerkennt, hat in unserer Gesellschaft keinen Platz und muss Deutschland verlassen. Gesetzesverstöße müssen zur Abschiebung führen

→ Kein Islamunterricht an allgemeinbildenden Schulen

→ Konsequente Abschiebung von Geflüchteten ohne Asylanerkennung.

→ Falsche Identität muss strafbar sein

Eine Islamisierung Deutschlands ist durch eine beispiellose Asylpolitik der Regierung Merkel eingetreten. Durch eine Änderung der Politik muss die Zahl der Asylverfahren drastisch verringert werden. Es gab seit dem Jahr 2015

2015   476.649 Asylanträge

2016   745.545 Asylanträge

2017   222.683 Asylanträge

2018   158.512 Jan-Okt[63] Asylanträge.
Die monatlichen Asylanträge in 2018 bewegten sich zwischen 12.000 und 15.000 in jedem Monat. Das entspricht der Zahl der Einwohner einer Kleinstadt.
Hinzu kommen die Zuwanderer im Rahmen der Familienzusammenführungen und eine unbekannte Zahl an illegalen Einwanderern. Kein anderes Land der EU hat einen solchen Zustrom zu verkraften. Wie lange kann das gut gehen?

Der Flüchtlingsstrom ist ein Selbstlauf

Die Kanzlerin behauptet, Zuwanderung kann man nur bekämpfen, indem man die Fluchtursachen bekämpft. Das ist eine hohle Floskel. Diese Aussage gaukelt eine Illusion vor, bei der man den innerislamischen Konflikt nicht berücksichtigt. Nicht nur die hohe Reproduktionsrate mit der Folge eines hohen Bevölkerungsdrucks in den islamischen Ländern, sondern ebenso der innerislamische Konflikt stellen die Fluchtursache dar. Diese bekämpfen zu wollen, ist für eine deutsche Bundeskanzlerin eine Fiktion. Es liegt nicht in der Reichweite ihrer Macht.

Die Quelle des Flüchtlingsstroms in den islamischen Ländern versiegt auf unabsehbar lange Zeit nicht. Millionen von Menschen sehnen sich nach der Versorgung durch den deutschen Sozialstaat. Verlässt man die Region der Quelle und folgt weiter dem Strom, trifft dieser auf offene Grenzen, die kein Hindernis bilden. Entgegen allen Absichtserklärungen werden die Außengrenzen der EU nicht wirksam geschützt, und zusätzlich durch Schleuser und selbst ernannte Aktivisten für Menschenrechte (NGO's) durchlöchert.

---

63 Derzeit jüngste Statistik des BAMF vom Oktober 2018

Die deutschen Grenzen zu schließen, hat sich die Kanzlerin stets vehement gewehrt.
Hat der Flüchtlingsstrom von der Quelle weg sein deutsches Ziel erreicht, wird er liebevoll aufgenommen und in Deutschland verteilt. Die Menschen dieses Stroms werden durch die Genfer Flüchtlingskonvention geschützt, die die deutsche Regierung am 14. Februar 1991 unterzeichnet hat.

Dieses Abkommen beschränkt die Handlungsfreiheit des Aufnahmelandes. Mehr noch, das GFK knebelt das Selbstbestimmungsrecht eines Landes, indem es den Asylsuchenden die gleichen Rechte wie der einheimischen Bevölkerung einräumt. Integration wird nicht als Bringschuld für die Asylanten gesehen, sie ist entbehrlich und überflüssig. Asylsuchende leben ihre Herkunftskultur im Aufnahmeland.

Das Genfer Flüchtlingsabkommen ist für ganze Volksgruppen ungeeignet. Es stellt ein Umsiedlungsprogramm dar und verhindert strukturell eine Integration. Das GFK knebelt ein Aufnahmeland. So lauten die Bestimmungen:

Der Art.23 verlangt für die Flüchtlinge die gleiche Behandlung wie sie den deutschen Staatsangehörigen in Bezug auf öffentliche Fürsorge zusteht, und nach Art.24 steht den Asylanten soziale Sicherheit auch bei Arbeitslosigkeit und der Familienunterhalt zu. Das bedeutet in der Folge eine hohe finanzielle Belastungen für den deutschen Staat. Mit den Steuern der arbeitenden Bevölkerung werden ausländische Arbeitslose in Deutschland finanziert.

Art.26 verlangt Freizügigkeit für die Flüchtlinge in Deutschland. Sie können ihren Aufenthaltsort frei wählen.

Dieses Recht erlaubt das Zusammenrotten religiöser Gruppen zu größeren Parallelgesellschaften.

In Art. 16 (1) wird jedem Flüchtling freier Zugang zu den Gerichten eingeräumt. Das bringt eine gewaltige Belastung deutscher Gerichte mit sich, weil „ein Heer von Anwälten", wie es der frühere Innenminister Otto Schily (1998-2005) ausdrückte, allein mit der Verteidigung von Flüchtlingen unterwegs ist. Das kostet Millionen an Steuergeldern.

Art. 33 ist besonders problematisch, der eine Ausweisung über Grenzen verbietet, hinter denen die Freiheit des Flüchtlings „wegen seiner Rasse, Religion, Staatsangehörigkeit, seiner Zugehörigkeit zu einer bestimmten sozialen Gruppe oder wegen seiner politischen Überzeugung bedroht sein würde." Weil diese Bestimmung als Möglichkeit für jedes Gebiet außerhalb der EU-Grenzen zutrifft, sind Abschiebungen in die Herkunftsländer de facto immer juristisch anfechtbar. Absurd!

Die Auswirkung der Genfer Flüchtlingskonvention für Deutschland, das in kurzer Zeit mehr als 1,5 Millionen Menschen aufgenommen hat, ist in der Langzeitwirkung nicht vorhersehbar. Können die Sozialsysteme überhaupt auf lange Zeit hinaus diesen finanziellen Aderlass verkraften?

In der beschriebenen Weise stellt sich der Flüchtlingsstrom als ein selbstlaufendes System dar.
Dic Quelle versiegt nicht, Hindernisse werden umströmt, am Ende des Flusslaufs garantiert die Genfer Flüchtlingskonvention den Aufgenommenen soziale und finanzielle Sicherheit, auch ohne deren Mitwirkung. Die deutschen Gerichte werden die Ansprüche der Asylanten für

gesetzeskonform erklären müssen, weil Deutschland der GFK im Jahr 1991 beigetreten ist.

Der Ausweg

Doch es gibt einen konkreten, politisch korrekten Ausweg aus dem Dilemma dieses selbstlaufenden Flüchtlingsstrom mit der das Land überfordernden Belastung.
Deutschland steht es völkerrechtlich frei, diese Genfer Flüchtlingskonvention nach Artikel 44 zu verlassen.
Art. 44 lässt für jeden Staat die Kündigung zu.
„1.Jeder vertragschließende Staat kann das Abkommen jederzeit durch eine an den Generalsekretär der Vereinten Nationen zu richtende Mitteilung kündigen. 2.Die Kündigung wird für den betreffenden Staat ein Jahr nach dem Zeitpunkt wirksam, an dem sie beim Generalsekretär der Vereinten Nationen eingegangen ist."

Deutschland braucht nur den politischen Willen aufzubringen, aus der Genfer Flüchtlingskonvention nach Art.44 auszutreten.

Die die Welt berichtete im Jahr 2015 „Dänemark will an die Genfer Flüchtlingskonvention ran".[64]
Doch der Vorstoß von Dänemarks ehemaligem Regierungschef Lars Rasmussen (2001-2009) ist sang- und klanglos in den Tiefen der Brüsseler Bürokratie versickert. Angesichts des derzeitigen politischen Zustands der EU ist nicht zu erwarten, dass ein neues Vertragswerk zustande kommen könnte.

---

64 https://www.welt.de/politik/ausland/article150406236/Daenemark-will-
   an-die-Genfer-Fluechtlingskonvention-ran.html

Schlimmer noch, die ungelöste Flüchtlingsfrage belastet die Akzeptanz der Europäischen Union. Die Konsequenzen haben als erste die Engländer gezogen. Weil sie wieder selbst bestimmen wollen, wer ins Land kommt, planen sie der EU den Rücken zu kehren. „Ich habe die britische Presse verfolgt und wahrgenommen, dass der Wunsch der Briten nach einem Austritt aus der EU durch ihre Missbilligung des Verhaltens dieser Staatengemeinschaft, besonders Deutschlands, in der Flüchtlingskrise ausgelöst worden ist. Die deutsche Merkel-Regierung versuchte mit dem euphemistisch eingesetzten Begriff der Solidarität den deutschen Sonderweg der Willkommenskultur anderen Europäern aufzuzwingen. Das machen die Briten nicht mit und verlassen die EU. Es ist kein britischer Nationalismus"[65] urteilt der Islamexperte Bassam Tibi.

Deutschland braucht eine andere Politik in der Flüchtlingsfrage und damit der Islamisierung, um die Vorteile einer Europäischen Union als Zusammenschluss der nationalen Staaten Europas umzusetzen.

---

65 Bassam Tibi, Islamische Zuwanderung und ihre Folgen, 2017, S.244

Zitierte Literatur

Cemil Sahinöz,   Der deutsche Islam, BoD 2011
Robin Alexander,   Die Getriebenen,   2017
Hamed Abdel-Samad, Mohamed. Eine Abrechnung, 2015
Thilo Sarrazin,   Feindliche Übernahme,   2018
Joachim Wagner,   Die Macht der Moschee, 2018
Klaus Spenlen,   Integration, Islam in Deutschland 2016
Hans-Peter Raddatz,   Von Allah zum Terror
Christine Langenfeld, Integration und kulturelle Identität
          zugewanderter Minderheiten...

Weitere Literatur zum Thema

Hamed Abdel-Samad, Eine Abrechnung,   2015
ders., Der islamische Faschismus:Eine Analyse,   2014
ders., Der Koran:Botschaft der Liebe. Botsch.des Hasses,2016
ders., Ein Araber und ein Deutscher müssen reden,   2016
Klaus Spenlen, Integration muslimischer Schülerinnen und
          Schüler, LitVerlag Berlin 2010
Hans Rath, Hamed Abdel-Samad,   Ein Araber und ein
          Deutscher müssen reden, rowohlt 2016
Rauf Ceylan, Die Prediger des Islam, Imame – wer sie sind und
          was sie wirklich wollen, Freiburg 2010
Ralph Ghadban, Die Libanon-Flüchtlinge in Berlin,   2008

hrsg Stefan Orth, Volker Resing, AfD, Pegida und Co.: Angriff
          auf die Religion? Herder 2017
hrsg Theresa Beilschmidt, Flucht, Religion und Integration,
          LitVerl.Hopf Berlin 2018
hrsg Oliver Hidalgo, Gert Pickel,   Flucht und Migration in

Europa, Springer 2019
hrsg BAMF, Migration, Flüchtlinge und Integration, 2005,
Schriftenreihe Band 14

Sabatina James, Scharia in Deutschland: Wenn die Gesetze des
Islam das Recht brechen, 2015
Joachim Wagner, Richter ohne Gesetz: Islamische Paralleljustiz
in Deutschland, 2012
Kirsten Heisig, Das Ende der Geduld: Konsequent gegen
jugendliche Gewalttäter, Freiburg 2010